Lektüren

Von der Autorintention hin zur freien Semiose
Schleiermacher - Gadamer - Iser - Derrida
Pynchon - Kundera - Jelinek

von

Tom Mustroph

Tectum Verlag
Marburg 2000

Die Deutsche Bibliothek - CIP-Einheitsaufnahme

Mustroph, Tom:
Lektüren.
Von der Autorintention hin zur freien Semiose.
Schleiermacher - Gadamer - Iser - Derrida.
Pynchon - Kundera - Jelinek.
/ von Tom Mustroph
- Marburg : Tectum Verlag, 2000
ISBN 978-3-8288-8152-5

© Tectum Verlag

Tectum Verlag
Marburg 2000

Inhaltsverzeichnis

1. EINLEITUNG 7
2. ENTMACHTUNG DES AUTORS UND DISZIPLINIERUNG DES LESERS BEI SCHLEIERMACHER 19
    2.1. Entmachtung als Strategie 20
        2.1.1. Enthierarchisierung, Dekanonisierung, Differenzierung ... 20
    2.2. Disziplinierung des Lesers durch Methode und Ziel 23
    2.3. Verschobene Herrschaft 25
        2.3.1. Der hermeneutische Zirkel als Mittel der Differenzierung 26
        2.3.2. Differenzierung als Gefahr 27
    2.4. Exkurs zum Sprachbegriff 28
        2.4.1. Sprache im Kraftfeld von phonetisch-skriptural 28
        2.4.2. Sprache(n) als Struktur des Denkens und Ausdruck des Denkens 29
    2.5. Die Ambivalenz des „Besserverstehens" 31
    2.6. Fazit 33
3. ANDERS-VERSTEHEN MIT HANS GEORG GADAMER 35
    3.1. Kritik an Schleiermacher - Der Abschied von der Autorintention 35
    3.2. Weg vom Autor, hin zum Text 37
        3.2.1. Was ist ein Text? 37
            3.2.1.1. Text als Kommunikation 38
            3.2.1.2. ...und doch wieder fest 39
    3.3. Vorverstehen als textgeleitete Freiheit 40
    3.4. Der Interpret - das historisch determinierte Supersubjekt des Verstehens 41
        3.4.1. Mißglückter Dialog mit Derrida - Verstehen als anthropologische Konstante 43
    3.5. Fazit 45

4. **WOLFGANG ISER: DER EINZELNE LESER ALS TEXTPRODUZENT** 47

    4.1. Auswirkungen auf die Welt und die Literaturwissenschaft 48
    4.2. Was ist ein Text? 49
    4.3. Der implizite Leser 51
    4.4. Der Lesevorgang - Mitvollzug und Zeichenverschiebung 52
    4.5. Fazit 55

5. **ZWISCHENSTÜCK** 59

6. **JACQUES DERRIDA: SCHREIBEN UND LESEN ALS NICHT-PRÄSENTES HANDELN** 61

    6.1. Vom Text zur *écriture* (und wieder zurück) 63
    6.2. Verschobener Eingriff - das Supplement 68
        6.2.1. De Man lesen I 70
        6.2.2. De Man lesen II 72
        6.2.3. De Man lesen III 73
        6.2.4. Derrida-de Man-Supplement 75
    6.3. Fazit 76

7. **ABSCHLUß DER UNTERSUCHUNG** 81

8. **POETIK DES LESENS** 87

    8.1. Texte sind supplementär 87
    8.2. Lesen ist konstruktiver Prozeß 89
    8.3. Literarisches Lesen/Schreiben 92
    8.4. Literaturgebrauch ist Mediengebrauch 95
    8.5. Lust am Text/Wollust am Text 98
    8.6. Der Leser - das unbekannte Wesen 99
    8.7. Schreiben/Lesen 100

9. **FRAGILE NETZE WEBEN - SUBJEKTKONSTRUKTIONEN BEI JELINEK, PYNCHON, KUNDERA** 107

9.1. Fremde Ketten, eigene Fesseln - Elfriede Jelinek:
„Lust" 107
9.2. Lost in plot - Thomas Pynchon:
„The Crying of Lot 49" 118
9.3. Zufall als Bestimmung - Milan Kundera:
„Die unerträgliche Leichtigkeit des Seins" 125
9.4. Yoyoing - entgrenztes Spiel und gebundene Freiheit .. 134
10. SCHLUßBETRACHTUNGEN 139
12. ANHANG 157

Siglenverzeichnis

Da die vorliegende Arbeit keine Monographie ist und zu heterogene Wissensgebiete und Disziplinen berührt, muß auf eine Bibliographie verzeichtet werden. Die verwendeten Literatur ist hinten aufgelistet. Die Texte, die primäre Gegenstände dieser Arbeit sind, werden unter folgenden Siglen geführt:

AL   Wolfgang Iser, Der Akt des Lesens, München, 1976.

AS   Wolfgang Iser, Die Appellstruktur der Texte, in: Warning (1975), S. 228-252.

GR   Jacques Derrida, De la grammatologie, Paris, 1967.

HE   Friedrich Schleiermacher, Hermeneutik, (nach den Handschriften neu herausgegeben und eingeleitet von Heinz Kimmerle), Heidelberg, 1959.

LEI   Milan Kundera, Die unerträgliche Leichtigkeit des Seins, Frankfurt/Main, 1997.

LOT   Thomas Pynchon, The Crying of Lot 49, London, 1967.

LU   Elfriede Jelinek, Lust, Hamburg, 1989.

LV   Wolfgang Iser, Der Lesevorgang, in: Warning (1975), S. 253-276, 1975.

MEM   Jacques Derrida, Mémoires. For Paul de Man; Comme le bruit de la mer au fond d'un coquillage. La guerre de Paul de Man. Mémoires II, Paris, 1988.

TI   Hans Georg Gadamer, Text und Interpretation, in: Forget (1984), S. 24-55, 1984.

UD   Hans Georg Gadamer, Und dennoch: Macht des guten Willens, in: Forget (1984), S. 59-61, 1984.

WM   Hans Georg Gadamer, Wahrheit und Methode, Tübingen, 1975.

0. Vor-Schrift

Hin- und hergerissen zwischen dem Ansatz dieser Arbeit, Re-Lektüren vorzuschlagen, der Erfahrung, kognitiven Koordinatensystemen nicht entgehen zu können sowie dem gleichzeitig beflügelnden und bremsenden Impuls, der aus dem Kontext „Magisterarbeit" erwächst, sehe ich mich zu diesem Text vor dem Text gedrängt. Zu wenigen Zeilen, die Verständnis heischen wollen für eine zuweilen unorthodoxe Entdeckungsreise, die dennoch dem auf dem Deckblatt behaupteten institutionellen Rahmen zu genügen wünscht. Diese Entdeckungsreise will sich durch den Verzicht auf vorgefaßte Kenntnisse auszeichnen. Nur in enger, beinahe intimer Beziehung zu den ausgewählten Texten möge diese Arbeit ihr Potential entfalten.

Wie gewöhnlich möchte sie jedoch ungern „mißverstanden werden und fordert vehement diese Lektüre-Leitung. Deshalb vorab: Die Verwendung des Personalpronomen „wir" impliziert nicht den *pluralis majestetis*. Sie sucht - wie es Eco (1989) vorgeschlagen hat - das Einverständnis mit dem Leser, ein gemeinschaftliches Gleiten durch den Text. Dier Verwendung der Singularform signalisiert wieder die Trennung, vor allem dann, wenn periphere - aber dennoch in meiner Perspektive notwendige - Aspekte eingebracht werden. Sie signalisiert keine herausgehobene Position, aber doch eine eigenständige. Stilistische Brüche sind dem Versuch zuzuschreiben, akademisches Vokabular zwar zu benutzen, gleichzeitig aber eine direkte, „naive", an den Texten selbst haftende Ausdrucksweise zu entwickeln. Ein weiterer Grund für solche Brüche ist die Entwicklung der Arbeit in verschiedenen zeitlichen Abschnitten und Schichten. Immer wieder waren Neuanfänge und Rekapitulationen nötig. Die Schreibsituation war durch Diskontinuitäten gekennzeichnet - Ausdruck des Widerspruchs zwischen dem Idealzustand hermetischen wissenschaftlichen Arbeitens und den alltäglichen Erfordernissen, die Multi-Tasking-Verfahren in einer disparaten Wirklichkeit dem zeitgenössischen Akteur abverlangen.

1. Einleitung

„BÜCHER KOMMEN ERST IM LESER ZU IHRER VOLLEN EXISTENZ. ZWAR BESTEHEN SIE AUS GEDANKEN, DIE EIN ANDERER ERSONNEN HAT, IN DER LEKTÜRE JEDOCH WIRD DER LESER DAS SUBJEKT DIESER GEDANKEN." Georges Poulet[1]

Hermeneutik ist alt - und wie wohl alles Tradierte polyvalent. Das Wort verweist auf das griechische *hermeneuein,* die Kunst des Dolmetschens, Erklärens und Auslegens. Ihr Gegenstand waren poetische, juristische, theologische Texte, Dokumente, Monumente, Bilder. Neben ihrer Fixierung auf Texte - und Artefakte in anderen Medien - fiel der Hermeneutik schon früh eine philosophische Aufgabe zu. Ein Sinnzusammenhang aus einer anderen Welt soll in eine vertraute Sprache übersetzt werden. Das konnte die überirdische Welt betreffen: „Nach Platons Auffassung (in der 'Epinomis' entwickelt) gehört die Hermeneutik zu den Künsten; sie soll die Sprüche der Götter erhellen." (Ineichen 1991, 21), d.h. genauer, daß die Dichter als Hermeneuten der Rede der Götter fungieren. Der Wirkungsbereich der Hermeneutik umfaßt aber auch mannigfaltige irdische Welten. Heidegger beispielsweise sprach von einer Hermeneutik des Daseins, bezeichnete Verstehen als ontologische Bestimmung des Menschen schlechthin.

Schlägt man den Bogen zum Götterboten Hermes, dem Gott der Hirten, der Diebe, Wegelager und Händler, eröffnet sich ein geradezu lebenspraktischer Raum. Hermes, der frühreife Sohn von Zeus und der Nymphe Maia, zeichnete sich als Trickster, fingerfertiger Techniker, Erfinder und Zauberer aus. Ihm wird die Erfindung des Feuers zugeschrieben. Er baute aus dem Panzer einer Schildkröte sowie Schafs- und Kuhdarm eine siebensaitige Leier, mit der er seinen Stiefbruder Apollon besänftigte, nachdem er dessen Rinderherde gestohlen und mit Strauchwerk die Spuren verwischt hatte. Heras Gunst erschlich er sich in der Manier eines Kukkucks (Grant 1990, 204). Andernorts trat er als zungenfertiger Kommuni-

---

[1] Poulet(1969), zitiert in der Übersetzung von Wolfgang Iser in Ders., (1976, 248).

kator auf.² Mit Derbheit und Witz ermöglichte er seinem Vater Zeus ein Stelldichein mit Alkmene, der treuen Frau des Amphitryon. Kleist ließ ihn gar den Grundbaustein der modernen Gesellschaft - die Identität des menschlichen Subjekts - zerstören.³ Zusammen mit Aphrodite sprengte er die Ordnung von *sex* und *gender:* Die Frucht ihrer Verbindung war das zweigeschlechtliche Wesen Hermaphroditos (Ranke-Graves 1990, 58). Jean Greisch sieht Hermes als Grenzgänger und Beweger, Heiratsvermittler, Händler und Führer der toten Seelen in die Unterwelt (Greisch 1993, 32). Er operierte zwischen voneinander getrennten Seiten, Zeiten und Räumen. Seine Vermittlung konnte verläßlich, aber auch täuschend sein. Er würde nicht direkt lügen, aber ob die Wahrheit aus seinem Munde gesprochen hätte, war nicht immer sicher (Ranke-Graves 1990, 54).

Auch im geographischen Kontext bot Hermes Orientierungshilfe. Sein Name stammt vom Wegweisen her; er war „der von den Hermen", Haufen von Steinen, die um einen aufrechten Einzelstein gestreut wurden und den Weg markierten. Der phallische Monolith wies Hermes auch als Gott der Fruchtbarkeit aus (Grant 1990, 203). Wer ihn ehren wollte, legte weitere Steine hinzu. Deren Ordnung änderte sich dadurch, blieb aber als Ordnung, die sich vom Erdboden unterschied und den Weg bedeutete, bestätigt. Häufig wurde er in Verbindung mit Thoth gebracht, dem ägyptischen Gott der Schreiber und Schöpfer der Buchstaben. Hermes gilt als dessen frühes hellenisches Äquivalent und soll die ersten dreizehn Konsonanten und fünf Vokale zu Buchstaben geformt haben, die er, nach der Flugformation der Kraniche, als Keile stilisierte (Ranke-Graves 1990, 163f). Solcherart zum Erfinder der konventionellen Schrift gemacht, war er dafür prädestiniert, zur Instanz des Auslegens von Texten und der schriftlichen Niederlegung des Gelesenen zu avancieren. In dieser Rolle ist er auf vielen bildlichen Darstellungen fixiert.

Dem Namensgeber folgend bedeutet hermeneutisches Arbeiten im engeren Sinne schreibendes Lesen; der Interpret, Deuter, Ausleger befindet

---

² Michel Serres widmete dieser Figur fünf Bände: Hermes I-V, Paris 1969-80.

³ Erst wehrt Amphitryons Diener Sosias sich noch, seinen Namen und seine Identität herzugeben: "Dein Stock kann machen, daß ich nicht mehr bin/Doch nicht, daß ich nicht ICH bin, weil ich bin." Kleist (1980, 12). Doch schließlich trollt er sich von dannen und überläßt dem falschen Sosias (Hermes/Merkur) den Palast.

sich zwischen dem zu interpretierenden Text und der Transformation, die er erstellen wird - und zu deren Zweck er häufig überhaupt erst den Ausgangstext in die Hand nahm. Hermes' Nachfahre besetzt den Spalt, der zwischen dem sprachlichen Gebilde und seinem Verständnis klafft. Exegetische Anstrengung vollzieht sich - trotz aller weitergefaßten Ansprüche - recht traditionell im und durch das Medium der Schrift. Dieser enge Blickwinkel strukturiert die vorliegende Arbeit. „Schrift" heißt in unserem Zusammenhang: konventionelles Vokalalphabet; „Text" meint - als Ausgangsbasis - geschriebenen, gedruckten, gebundenen, vervielfältigten und distributierten, d.h. materiell begrenzten Text. Semiotische Invasionen in andere Felder wie „Kultur als Text" oder „Theater als Text" fallen aus dem Rahmen dieser Arbeit. Wissenschaftsbegründende und ontologische Wendungen der Hermeneutik interessieren nur am Rande. Dem hier vorgeschlagenen Blick entziehen sich sowohl Dilthey als auch Heidegger. Ebenso kann keine explizite Diskussion um die - wie u.a. Wolfgang Ludwig Schneider einwirft - mangelnde Objektivitik der Hermeneutik geführt werden. Schneider (1991). Auch das Verhältnis vom Eigenen und Fremden, den Einschluß des Unvertrauten ins Bekannte, für die einige Streiter des Multikulturalismus häufig bei der Hermeneutik Rat suchen[4], bleiben aus dieser Arbeit ausgeschlossen. Natürlich kann der Topos des Verstehen des Anderen nicht gänzlich unbeachtet bleiben; die ausgewählten theoretischen und literarischen Texte kreisen gerade auch um das Verstehen der Erfahrungen, die die verschiedenen Konstruktionen voller, starker und schwacher Subjekte zu machen und zu artikulieren gezwungen sind. Das Hauptaugenmerk gilt jedoch folgenden drei Eckpfeilern hermeneutischer Praxis: dem Autor, dem Interpreten und dem Leser. Von ihrer Konfiguration, deren Wandel und dem Wandel ihrer Beziehungen zueinander möchten die folgenden Kapitel erzählen. Die zentrale Rolle spielt der Interpret. Er dient als Bezugspunkt für die Positionierung von Autor und Leser in verschiedenen Texten zur Hermeneutik im 19. und 20. Jahrhundert. Die Figur des Interpreten findet in doppelter Geste Eingang: sowohl im definitorischen Singular der Theorie als auch im vielstimmigen Ensemble der Theoretiker selbst.

---

[4] Vgl. die Differenzhermeneutik nach Sundermeier (1996).

Die Konturen des Auslegers sind keineswegs klar und eindeutig. Sie verwischen im Laufe der Zeit, werden unterschiedlich geprägt. Einstmals markante Züge verschwinden - und tauchen später als offensichtliche Falte oder als darunter gelegene Narbe wieder auf. Das Verhältnis der diversen Konfigurationen ist nicht durch plötzliche und umfassende Ablösungen, sondern durch Schichtung und Überlagerung gekennzeichnet.

Zuerst waren Hermeneuten Übersetzer. Aleida Assmann nennt die Homer-Allegorese und die ersten christlichen Bibelübersetzungen als die Phase, in der es darum ging, Texte „aus einem kulturellen Kontext in einen anderen [zu übernehmen]." (Assmann 1996, 10) Eine nächste Etappe markieren die Bibelexegese als Versuch, das Wort Gottes in seiner „wahren" Bedeutung zu verstehen, und das Bemühen der Renaissance-Autoren, die Klassiker der Antike wieder lesbar zu machen: „Gedeutet werden als kulturell bedeutsam erachtete Texte, die mit wachsendem historischen Abstand immer dunkler wurden." (Assmann 1996, 10) Hermeneuten suchten hier ihre eigene Artikulation in eine kulturelle Tradition einzubetten und abzusichern. Fließend gestaltete sich der Übergang zur dritten Phase, die u.a. unsere Moderne der Großschriftsteller prägte - und wichtiger Bestandteil von Literaturunterricht und universitärer Praxis ist: „Gedeutet werden kanonisierte Texte, die als 'heilige' oder 'klassische' zu einer Dauerpräsenz im kulturellen Gedächtnis bestimmt, einer dauerhaften Deutungsanstrengung unterzogen und auf diese Weise 'lesbar' gehalten werden mußten" (Assmann 1996, 10). Hermeneuten wandeln sich zu Dienstleistern und Spezialisten der Ausstattung und Verteidigung eines symbolischen Raumes.[5]

Allen Epochen eingeschrieben ist ein beständiger Kampf um die Gültigkeit von Symbolsystemen, der Berechtigung von Transformationsmodi und der zugelassenen Abweichungen. Dieses Kraftfeld ist exemplarisch für die *„querelle des anciens et des modernes"*. Es begegnet uns in der Frage nach dem Verhältnis von Werk und Interpret und der Bedeutung beider für die Interpretation. Vergröbernd lassen sich - sowohl in der da-

---

[5] Zur Bestimmung der Rolle einer zeitgenössischen Hermeneutik, ihren Untiefen und Möglichkeiten, hoffen wir auf verwinkelten Wegen zu gelangen. Die Reise kann aussichtsreich bei Friedrich Daniel Schleiermacher beginnen; sie wird die „'wahre' Trauer" Paul de Mans zumindest streifen müssen.

malignen *querelle* als auch in der Folgezeit - zwei Gruppen von Antworten herauslösen. Ein Pol sieht die Interpretation als Funktion von Struktur und Strategien des fixierten Texts sowie als Bestimmung der Aussageabsicht des Autors. Die philogische Hermeneutik „glaubt an eine unverwitterbare „Identität" des „vom Autor gemeinten Wortsinns" und hält die vielfältige Deutbarkeit für eine Konsequenz nur der *Interpretationen*, nicht des *Verstehens*" (Frank 1984a, 573f). Kontingenz ist demnach nur der *subilitas explicandi* inhärent, nicht aber der *subilitas intelligendi*.[6] Deren Ziel ist eine ideale, wahre und objektive, d.h. zeitlich unabhängige und rezipientenunspezifische Auslegung einer vorliegenden Antwort. Sie ist retrospektiv und huldigt der Abgeschlossenheit. Sie schrieb sich partiell in Schleiermachers disparate Grundlegung der Hermeneutik ein und wurde bestimmend für nachfolgende Ansätze wie die von Dilthey, Betti oder Hirsch. Ihre - wenn auch ganz anders gewandte und zumeist indirekte - Fortführung erfuhr sie in Saussures Begründung der Sprachwissenschaft. Notorisch ist dieser Akzent dann, wenn Saussure auf der Verweisstruktur von Signifikat und Signifikant beharrt. Allerdings wies u.a. Jacques Derridas Lektüre des *Cours* ein Flottieren der Signifikanten und die Absenz des Signifikats nach.

Die Grenzen zur konträren Position - der „modernen" in der *querelle* - sind also verwischt. Sie zeichnet sich dadurch aus, daß sie die Verarbeitungsleistungen des Rezipienten stark macht. Der zeitliche Abstand zwischen Renaissance und Antike verändert die Perspektive des Betrachters und somit das Rezeptionsprodukt, wie in der Zwergenmetapher deutlich wird: Der Zwerg der Renaissance blickt - auf der Schulter des antiken Riesen stehend - weiter als der Riese, verfügt demnach über einen umfangreicheren Wissenshorizont (Vgl. Gebauer 1992). Zugleich wird dem Verstehen eine performative Komponente zugeschrieben. Es ist nicht taxonometrisch, sondern selbstreflexiv und prozeßhaft. Robert Musil gab den Interpreten zu bedenken, daß in einem echten Kunstwerk das Erlebnis die Formel, die nach ihm ausgreift, wie ein Sieb durchdringt (Musil 1978, 1027). An den Text werden Fragen gerichtet; die Perspektive des Rezi-

---

[6] Diese Differenz in - niederrangiges - Auslegen und - hochrangiges - Verstehen unterschlägt, daß jede Auslegung auch verstehensbehaftet ist und demnach auf die ambivalenten Fähigkeiten des Rezipienten zurückgreifen muß.

pienten wird problematisiert. Demzufolge wird die Interpretation modifiziert. Ein Motiv für das „Besserverstehen" ist gegeben und die Lektüre der Gegenwart und Zukunft geöffnet. Andererseits wird jenes „Besserverstehen" eines Werkes häufig nicht als unendlicher Prozeß gesehen, sondern mit dem Ziel formuliert, die eine „wahre" und richtige Interpretation zu erreichen. Diese Opposition von zum Stillstand gekommener, wahrer Interpretation vs. der Polyphonie von Interpretionen, dieses Kraftfeld zwischen den Polen eindeutig vs. relational, zwischen Antwort vs. Frage wollen wir untersuchen — in der Hoffnung, durch ein - zuweilen trockenes - *close reading* verschiedener Positionen plausibel zu machen, daß die letztere Position im Laufe der Zeit an Bedeutung gewann und letztlich zur heute dominierenden Position geworden ist. Damit einhergehend ist eine Verschiebung im Dreieck Autor-Interpret-Leser auszumachen. Der Autor wird sukzessive entmachtet, der schreibend lesende Interpret in gleichem Maße zunächst gestärkt, um schließlich selbst viele seiner Funktionen an den Leser abzugeben. Diese These dient als Leitfaden, als Perspektive. Keineswegs soll eine geradlinige, eindeutige Entwicklung unterstellt werden. Wir müssen mit Pendelausschlägen in verschiedene Richtungen rechnen.

Als Ausgangspunkt der Untersuchung bietet sich Schleiermachers Hermeneutik an, da sie als Grundlegung der modernen Hermeneutik gilt. Eingestandermaßen ist es angesichts der vielfältigen, umfassenden, differenzierten und gleichsam abgeschlossenen Rezeptions-geschichte des Schleiermacherschen Textes geradezu vermessen, an eine weitere Schleiermacherinterpretation zu gehen. In Anbetracht des schier überwältigenden sekundären und tertiären Materials wollen wir auf eine Nachzeichnung historischer Positionen verzichten. Wir versuchen, Vladimir Nabokovs Maxime zu beachten:

> „Gegen den Mondschein der Verallgemeinerung ist nichts einzuwenden, vorausgesetzt, er zeigt sich, *nachdem* die sonnigen Kleinigkeiten des Buches liebevoll zusammen-getragen wurden... Wir sollten immer daran denken, daß mit jedem Kunstwerk, ausnahmslos, eine neue Welt erschaffen wird, und diese stets als erstes so gründlich wie möglich erforschen, uns ihr als etwas völlig Neuem nähern, als einer Sache, die keine offensichtliche Verbindung mit den uns bereits bekannten Welten hat. Erst nach gründlicher Erforschung dieser Welt wollen wir ihre Beziehungen zu an-

deren Welten und anderen Wissenszweigen erkunden." (Nabokov 1991a, 25)

Daher werden wir eher mit „dem Rückenmark lesen" (Nabokov 1991a, 31) und werfen einen vergleichsweise „freien" und „unvoreingenommenen" Blick darauf, welche Aufgaben Schleiermacher dem Interpreten zuweist, welche Bedeutung er dem Autor einräumt und in welcher Rolle er den Leser sieht. Um besser akzentuieren zu können, muß man zwangsläufig zu einer gewissen Ignoranz fähig sein. Deshalb ist die Schleiermacher-Lektüre auf seine Schriften zur Hermeneutik beschränkt; die Arbeiten zur Kritik bleiben weitgehend ausgeblendet.

Mit dieser Limitierung ist dreierlei angestrebt: Wir ersparen uns eine weitere Studie zur Rezeptionsgeschichte von Schleiermachers Hermeneutik. Eine intensive Neu-Lektüre umschifft die Gefahr, in alten Interpretationsmustern dahinzugleiten und sich in sicheren Häfen zu langweilen. Die Absicht besteht hingegen darin, neben der eigentlichen Untersuchung des Verhältnisses von Autor, Interpret und Leser bei Schleiermacher, den Begründer der modernen Hermeneutik fruchtbar zu machen für mögliche Ansätze eines zeitgenössischen „Verstehens" von „Texten". Denn bei Schleiermacher findet der *Prozeß* des Verstehens durchaus seinen Raum, den die Metapher-Theoretikerin Gudrun Frieling der Hermeneutik insgesamt absprechen möchte.[7]

Diesen eng gefaßten, rezeptionsgeschichtlich weitgehend unbelasteten Blick wollen wir auch auf einzelne Texte von Hans-Georg Gadamer, Wolfgang Iser und Jacques Derrida werfen. Ihre Texte beschreiben ein ähnliches Feld wie Schleiermachers Hermeneutik. Sie umkreisen die Möglichkeiten und Notwendigkeiten des Verstehens, definieren ihren Untersuchungsgegenstand (den Text), weisen Autor, Interpret und Leser bestimmte Aufgaben zu und ringen sich zu - divergierenden - Subjekten des Verstehens durch. Eine Vergleichbarkeit ist - unter aller gegebenen Vorsicht - gewährleistet. Allerdings werden wir bei Gadamer, Iser und Derrida nicht mehr so unbelastet sein, wie wir es noch bei Schleiermacher

---

[7] Frieling argumentiert gegen die Hermeneutiker als "herausgehobene spezialisierte Deuter" und sieht den "Verstehensprozeß in der Hermeneutik ausgeklammert". Vgl. Frieling (1996, 133f).

versuchten. Die ersteren drei rekurrieren direkt oder indirekt auf Schleiermacher; ihre Absetzbewegungen sind unser Thema.

Gadamer und Iser individualisieren gewissermaßen Schleiermachers Hermeneutik. Derrida plädiert für die Vielsinnigkeit von Texten und die Ermächtigung des Lesers. Dem Leser werden Entscheidungen offengelassen. Er wird zum Fragen und weniger zum Verstehen und Hinnehmen von Aussagen ermuntert. Geht Gadamers Frage nach der Frage, auf die der jeweils vorliegende Text eine Antwort ist, schon weiter über Text und Autor hinaus, als es in Schleiermachers Satz vom Besserverstehen ohnehin bereits indiziert ist, so emanzipiert und autonomisiert Wolfgang Iser den Leser seinerseits. Der „implizite Leser" ist jedoch selbst ein idealer, der der Struktur von Texten ausgeliefert ist. Derrida läßt sich beim Lesen - und Schreiben - über die Schulter gucken. Er geht souverän mit Texten um, liest sie solange tief und quer, bis sie sich fast von allein in seine Argumentation einfügen (Es wirkt manchmal geradezu denunzierend, wie er z.B. mit Lévi-Strauss` „Traurigen Tropen" umgeht.) Die Fragen, die Derrida stellt, zielen nicht direkt auf den Text, sondern darauf, was als *Spur* an den Zeichen noch bemerkbar, vor allem aber, was zwischen ihnen verschwunden ist.[8]

Bei der Lektüre der wissenschaftlichen Texte wird die Chronologie ihrer Drucklegung beibehalten; nicht, weil sich derart eine lineare Geschichte besser erzählen ließe - es gibt schlicht keinen plausiblen Grund, die Reihenfolge zu ändern. Außerdem beziehen sich die nachfolgenden Texte teils explizit, teils implizit auf die vorangegangenen, bauen auf ihnen auf, greifen sie an, akzentuieren neu, fallen hinter sie zurück.[9] Die Chronologie

---

[8] Einen Schritt weiter noch geht der Pragmatiker Richard Rorty. Für ihn sind Texte - und die in ihnen enthaltenen Überzeugungen - nichts als Werkzeuge, deren Gebrauch von ihrer Nützlichkeit bestimmt ist. Hier wird der Leser als Benutzer entschlossen zum König gekrönt. Nicht zum absoluten allerdings; seine Werkzeuge sollte er noch achten. (Rorty 1994, 103)

[9] Die Beziehungen zwischen Schleiermacher, Gadamer und Iser sind explizit. Derrida nahm meines Wissens keinen Bezug auf Schleiermacher, aber dennoch bieten sich einige Aspekte des Schleiermacherschen Denkens geradezu für einen Dialog mit Derrida an. Manfred Frank ist hier als starker Initiator einer Konfrontation von Hermeneutik und Post-Strukturalismus zu nennen. Mikroskopisch sah er in Schleiermachers Hermeneutik spätere Richtungskämpfe präfiguriert: "Schleiermacher (hat) der Literaturwissenschaft - als ein "genetischer Strukturalist" avant la lettre - die Abstraktheit

dient als anfängliches Strukturelement; sie ist Element einer divinatorischen Setzung. Auch ist eine doppelte Geste wirksam: Die einzelnen Texte sind vom wissenschaftlichen und kulturellen Kontext ihrer Zeit geprägt; Abschattungen, Verwerfungen und Markierungen fanden Eingang. Sie erlauben es, Differenzen auszumachen, daraus eine Kette von Differenzen zu bilden und so eine Entwicklung zu erkennen.[10] Diese Entwicklung, diese „wirkliche Geschichte" gipfelt in der zentralen These dieser Arbeit: Der Autor wird sukzessive zugunsten des Interpreten entmachtet, bis er für tot erklärt wird. In einem zweiten Schub muß der Interpret viele seiner Kompetenzen und Möglichkeiten an das essentielle Subjekt des Lesevorgangs, den Leser, abgeben.

Zuletzt wagen wir uns - gezwungenermaßen noch bruchstückhafter - zu Beobachtungen in das Feld der Literatur selbst.[11] Es ist frappant, daß frühere, eher lineare Strategien der Behauptung, die überzeugende, sichere Ergebnisse zeitigten, von Strategien der Ambiguität abgelöst werden.[12] Modernere Schreiber zeichnen sich dadurch aus, die eigene Position viel stärker in Frage zu stellen und eine abschließende Wertung - nicht nur

---

der Alternative [subjektlose Sprache und objektive Interpretation, T.M.] vorgeführt, noch bevor sie in einem Streit der Schulen als solche sich mißverstand. Dilthey, der den grammatischen Aspekt nicht übersah, verpflichtete - vermeintlich in Schleiermachers Nachfolge - das Verstehen gleichwohl auf die Freilegung des Lebensmoments, das sich im Text ausdrücke..." Frank (1977, 249) (Neben Frank wollte auch Peter Szondi den Strukturalisten Schleiermacher nahelegen (in *L'Herméneutique de Schleiermacher* in "Poétique"; aber recht erfolglos nach Frank (1977, 249)). Gadamer und Derrida wurden gar zu einem Dialog gezwungen, der trotz seines Mißerfolgs - in althergebrachtem Sinne -, erlaubt, beide Positionen schärfer zu konturieren (Forget 1984).

[10] Historisierenden Verführungen versuchen wir zu widerstehen und eher im Sinne einer „wirklichen Geschichte" nach Paul de Man zu operieren.

[11] Merkwürdig erscheint hier die Trennung von „Literatur" und „Wissenschaft", vor allem, weil in dieser Arbeit keineswegs die Erosion von Gattungsgrenzen und das Ineinanderverschlingen von unterschiedlichen Textsorten verschwiegen wird. Aber die ersten drei Autoren, deren Texte hier untersucht werden, sind doch eher dem akademischen Diskurs zuzuordnen, während Derrida mit solcher Grenzziehung nicht zu fassen ist.

[12] Eine Tradierung des modernen Romans, die - wie Bachtin oder Kundera vorschlagen - von Rabelais oder Cervantes ausgeht, entzieht sich natürlich dem groben totalitären Zugriff über das allmächtige, sich selbst denkende Individuum, das dem Roman des 19. Jahrhunderts zugeschrieben wird. Eine Diskussion dieser Positionen muß hier unterbleiben. (Vgl. Kundera 1989; Bachtin 1987)

rhetorisch - dem Rezipienten zu überlassen. Sie verzichten auf einen *obersten Richter*. Am Vergleich neuerer und älterer Texte, die auf die gleichen Stoffe zurückgreifen, wird dies offensichtlich. Man halte sich beispielsweise Michel Tourniers und Daniel Defoes Version des Robinson-Stoffes vor Augen. Aber auch Texte „ohne Vorlagen" wie Pynchons *The Crying of Lot 49* bestätigen diese allgemeine Tendenz der Unschärfe, die - den abendländischen Roman seit Musil oder Broch auszeichnend - allein aufgrund ihrer langen Wirkungsgeschichte nicht mehr subversiv genannt werden kann. Sie ist pragmatisch, konstatierend, angemessen.

Das Verfahren des Zurückziehens, Schweifens, Ausweichens ist prägnanter Ausdruck der spätmodernen Situation. Sie ist keinesfalls allein auf technische Innovationen reduzibel, wie sich am Beispiel der modischen Intertextualität zeigt. Gérard Genette hat nachgewiesen, daß sich Autoren wie Vergil oder Rousseau durchaus Verfahren des Zitierens anderer Texte bedienten (Genette 1993, 13, 16f). Sie stabilisieren aber zumeist ihren Textfluß, während z.B. Joyce, Pynchon oder Tournier die Einsprengsel und ihre eigenen Positionen eher hinterfragen und dem Leser kontingente Möglichkeiten der Interpretation gestatten.

Bei den literarischen Texten handelt es sich ausschließlich um Romane. Romane deshalb, weil sie zur jüngsten, formal freiesten und am meisten verbreiteten literarischen Gattung gehören. Der moderne Roman und die moderne Hermeneutik entstanden gleichzeitig, in meist subtiler, indirekter Beziehung. Viele Romanciers entzogen sich bewußt dem dünkelhaften akademischen Auge. Dennoch führte die parallele Herausbildung von Hermeneutik und Roman zu ähnlichen Gesten: Belehrung, Erziehung, Methodisierung. Seine formalen Freiheitsgrade befähigten „den Roman" wiederum im weiteren Verlauf des 19. und 20. Jahrhunderts, Zeiterscheinungen, Muster und Paradigmen inhaltlich und strukturell aufzunehmen, zu reflektieren und einzuarbeiten. Individualisierungstendenzen bei gleichzeitigem Verschwimmen eines markanten Subjektbegriffs, der Verlust von Wahrheit, pro- wie retrospektiver Gewißheit sowie festen Regeln der Navigation tauchen unverkennbar im zeitgenössischen Roman auf.

> „Die protheische, sich stets verwandelnde Gestalt des Romans steht in enger Beziehung zum intellektuellen Inhalt der Zeit: der Roman ist nicht nur ein Spiegel der geistigen Entwicklung der modernen Menschheit, sondern

auch eine bedeutsame aktive Kraft, die das Weltbild der jeweiligen Epoche mitgestaltet." (Chvatik 1994, 167)

Aus komparatistischen Gründen werden Texte aus Deutschland, den USA und Osteuropa herangezogen; aus pragmatischen Gründen beschränkt sich die Auswahl auf Elfriede Jelinek, Thomas Pynchon und Milan Kundera.

2. Entmachtung des Autors und Disziplinierung des Lesers bei Schleiermacher

Die Arbeiten Friedrich Schleiermachers zu einer Hermeneutik erstrecken sich über die ersten drei Jahrzehnte des 19. Jahrhunderts.[13] Sie stellen ein disparates Mosaik an Reflektionen und Regeln dar. Einige Auffassungen unterlagen im Laufe der Zeit einem Wandel. Ein end- und gültiges Bild läßt sich m. E. nicht fixieren. Wichtigstes - und konsistentes - Kernstück bildet der sprichwörtliche hermeneutische Zirkel: „Jedes Verstehen des Einzelnen ist bedingt durch [das] Verstehen des Ganzen." (HE 46) - und umgekehrt. *Den* roten Faden stellt vielleicht der doppelte Zugriff über die grammatische und die technische Auslegung dar. Ihr Verhältnis wird unterschiedlich beschrieben. In den späteren Schriften (ab 1819), auf die besonders Dilthey rekurrieren wird, betont Schleiermacher die psychologische Auslegung. In den Arbeiten davor (vor allem in den Aphorismen, als die psychologische Auslegung noch die technische hieß) konzentriert er sich mehr auf die grammatische Exegese. Dennoch läßt sich vermuten - besonders wenn man den Gedanken der Gleichwertigkeit vom Verstehen des Einzelnen und des Ganzen und ihrer Verschränktheit als Analogie betrachtet - daß Schleiermacher grammatisches und psychologisches (technisches) Auslegen gleich gewichtet.[14] Unser Motiv ist es jedoch nicht, ein abschließendes Bild von Schleiermachers Hermeneutik vorzu-

---

[13] Es handelt sich um die Aphorismen (1805 und 1809, einen ersten Entwurf (zwischen 1810 und 1819), eine kompendienartige Darstellung (1819), eine gesonderte Darstellung des Zweiten Teils (1820-29), die Akademiereden (1829) und die Randbemerkungen (1832/33). Vgl. Schleiermacher (1959) (HE).

[14] Er fordert "mannigfaltige Oszillation" zwischen grammatischer und technischer Auslegung. Das eine setze das andere voraus, beides sei miteinander verbunden. (HE 56, 81). Wie sehr die Problematik des sprachlichen Systems in Deutschland in den Hintergrund geriet, belegen auch die Entscheidungen der Editoren von Schleiermachers Werken. Sein Kollege an der Berliner Universität Friedrich Lücke schloß in seiner Ausgabe von "Hermeneutik und Kritik" neben Einleitung und psychologischer Auslegung auch die grammatische ein. Die Herausgeber der vierbändigen Werkausgabe griffen auf Lückes Version zurück, verzichteten jedoch auf den Teil zur grammatischen Auslegung. Auch Dilthey favorisierte die psychologische Auslegung. Erst Manfred Frank "entdeckte" in seinem Versuch, einen Dialog zwischen Hermeneuten und Poststrukturalisten zu initiieren, Schleiermachers grammatische Auslegung wieder. Peter Szondi hatte mit seinem Aufsatz "L'Herméneutique de Schleiermacher" wohl ähnliches im Sinn. Vgl. Frank (1977, 249).

stellen. Der Textkorpus wird vielmehr unter der Maßgabe untersucht, Indizien für das Beziehungsgefüge von Autor, Interpret und Leser zu finden. Verorten wir seine Hermeneutik in der Tradition der Auslegung, so finden sich sofort Spuren für die Entmachtung des Autors.

2.1. Entmachtung als Strategie

2.1.1. Enthierarchisierung, Dekanonisierung, Differenzierung

Schleiermachers kritischen Ausgangspunkt bildete die theologische Auslegung kanonischer biblischer Texte. Er griff die Praxis der Bibelexegese von zwei Seiten an. Zum einen wendete er sich gegen eine Vorzugsstellung bestimmter Texte. Biblische und klassische Texte sollen nach denselben Prinzipien verstanden werden wie die mündlichen oder schriftlichen Äußerungen eines Menschen. Da das Verstehen allgemeinen Gesetzmäßigkeiten gehorche, verböten sich sowohl eine Hierarchisierung von Texten als auch der Aus- bzw. Einschluß einzelner Dokumente und Textarten (HE 55). Es läßt sich leider nicht deutlich machen, inwieweit Schleiermacher hier einen weiten Literaturbegriff antizipiert, der sich im Zuge einer Neuorientierung der Literaturwissenschaft (als Teil einer Medienwissenschaft), die skripturale und phonetische Artefakte zum Gegenstand hat[15] oder ob er lediglich das Verstehen als universelle Tätigkeit präfiguriert, wie sie später Wilhelm Dilthey zur Grundlegung der Geisteswissenschaften und in Abgrenzung zum Erklären der Naturwissenschaften konzipiert. Jedenfalls distanziert er sich deutlich von den Begrenzungen der theologischen Auslegung. Ebenso wendet er sich gegen die traditionelle Altphilologie. Er lehnt es ab, literarische und nicht-

---

[15] In den Akademiereden reiht er nicht nur Gesetze und Literatur, griechische, christliche oder orientalische Texte ins Universum der zu verstehenden Artefakte ein, sondern auch profane Dinge wie Gespräche, journalistische Arbeiten, Inserate und Briefe (HE 129f). Er bezieht ausdrücklich die ephemere gesprochene Rede mit ein (HE 130f) Parallelen zur Konzeption einer neuen Literaturwissenschaft in den 60er und 70er Jahren drängen sich auf. Herbert Singer z.B. bezog Trivialliteratur, Gesetzestexte, Berichte und Dokumente jeder Art in sein Design einer Germanistik ein: "Alles Geschriebene kann und soll Gegenstand der Analyse werden, auch und gerade die zum alsbaldigen Verbrauch bestimmten Erzeugnisse der Presse und der Werbeindustrie". Singer (1969, 54). Friedrich Kittler bemerkte - in einem Seminar an der HU - maliziös, daß er seine Medienwissenschaft in den 70er Jahren noch unter dem Deckmantel der Germanistik betreiben mußte, sie sich jetzt aber emanzipiert habe.

literarische Werke der Antike „aus dem Geist des Altertums zu betrachten", da dieses Altertum und erst recht dessen Geist äußerst heterogen und nicht unmittelbar erkennbar seien (HE 153).
Zum anderen argumentiert Schleiermacher gegen das automatische Übernehmen kanonisierter Interpretationen. Man müsse sich von Autoritäten lösen und die „...Commentare [dem] eigenen Urteil unterwerfen" (HE 160). Überraschenderweise verleiht schon er dem individuellen Horizont des Lesers besondere Bedeutung. Der Prozeß des Lesens und Verstehens ist „durch [die] Association des Lesers bestimmt", (HE 91) rekursiv[16] und von Aktivität gekennzeichnet: „Ich verstehe nichts was ich nicht als notwendig einsehe und *construieren* kann." (HE 37) Wohlgemerkt „construieren" und nicht „re-construieren"; die archäologische Metaphorik des peniblen Aufbauens des einst Existenten und nun Verschütteten, wie sie später Dilthey gebrauchen wird und wie sie auch noch der Herausgeber Heinz Kimmerle verwendet (HE 18), wird von Schleiermacher - zumindest in diesem Bruchstück - verworfen. Verstehen ist hier als individuelle Teilhabe gemeint, als Aufbau eines Bedeutungsgewebes, von dem nicht sicher ist, wie es sich zu den Intentionen des Autors verhält: Die „Construction [ist] ohne Sicherheit ihrer Anwendung." (HE 82) Schleiermacher ist der technologische Spalt sehr bewußt, der zwischen dem Text und seiner Auslegung besteht. Dieser Spalt existiert auf mehrfache Weise. Schleiermacher betont den zeitlichen (und kulturellen) Abstand zwischen Leser und Autor, wenn er fordert, man müsse „...verstehen wie die ersten Leser verstanden haben" und „zwischen sich und [den] Autor dasselbe Verhältnis herstellen wie zwischen ihm und seiner ursprünglichen Adresse" (HE 159). Selbst bei Zeitgenossenschaft ist das Verstehen jedoch ein nachträgliches. Es ist durch Nicht-Präsenz gekennzeichnet, gleichsam verschoben, da „...das sichere und vollkommene Verstehen nicht unmittelbar mit dem Vernehmen zugleich erfolgt." (HE 139) Als weitere Schwierigkeit benennt er die Unmöglichkeit, die Adresse des Textes genau bestimmen zu können. Das betrifft selbst die direkte mündliche Rede: „Ist die Rede an mich unmittelbar gerichtet; so muß aber auch vorausge-

---

[16] "Jedes Verstehen einer gegebenen Rede gründet sich auf etwas früheres" (HE 46). Ebenso rekursiv verhält sich die Rede: "Jede Rede ruht auf einem früheren Denken." (HE 81).

setzt werden, daß der Redende mich so denkt wie ich mir bewußt bin zu sein. Da nun schon das gemeine Gespräch oft genügt, daß sich dies nicht so verhält, so müssen wir skeptisch verfahren." (HE 160) Die nächste Problematik verortet er in der Sprache selbst. Sie ist ein unendliches System flottierender Signifikanten, die sich voneinander unterscheiden. Eine „...vollkommene Kenntnis der Sprache [ist] ... nie gegeben." Sie „...ist ein Unendliches [und Unbestimmtes], weil jedes Element auf eine besondere Weise bestimmbar ist durch die übrigen."(HE 82)

Eine Äußerung so zu verstehen,

1) wie der Autor sie gemeint und

2) wie sie sein ideales zeitgenössisches Publikum aufgenommen hätte,

ist daher äußerst schwierig, wenn nicht sogar unmöglich. Äußerung und Autor bieten uns hier keine Sicherheit; das kognitive Vermögen des Rezipienten ist gefragt - und bedarf methodischer Unterstützung. Schleiermacher bezieht hier eindeutig Position. Er argumentiert gegen die *subilitas explicandi,* die seiner Auffassung nach die „laxere" ist. Ihre Maxime lautet: „Ich verstehe alles bis ich auf Widerspruch stoße." (HE 86) Sie ist eine unkritische Anomalietheorie und setzt die Möglichkeit unmittelbaren Verstehens voraus. Erst bei erratischen Momenten muß eine wissenschaftliche Methode zu Rate gezogen werden. Schleiermacher schreibt die *subilitas explicandi* seinen Widersachern Friedrich Ast und Friedrich August Wolf zu (Ast 1808; Wolf 1807). Er selbst präferiert die *subilitas intelligendi* als eine „strenge" Theorie des Verstehens. Sie geht - wie oben ausgeführt - von den Schwierigkeiten des Verstehens aus. Schleiermacher will Regeln konzipieren; diese „...müssen mehr 'Methode' sein, um Schwierigkeiten 'erkennen' zu können als Observationen um solche aufzulösen."[17]

Verstehen ist für Schleiermacher penible und unendliche Arbeit ohne Sicherheit des umfassenden Erfolgs. Kumulierende historische, philologische, philosophische, biographische und ideengeschichtliche Kenntnisse sind vonnöten. Schleiermacher verläßt sich nicht wie sein Widerpart

---

[17] (HE 159) Hier wendet er sich gegen die aufklärische Hermeneutik, die - historisch-kritisch motiviert - den Gesamtzusammenhang eines Textes aus den Augen zu verlieren droht.

Friedrich Ast auf den zweifelhaften Garanten der „ursprünglichen Einheit und Gleichheit alles Geistigen" und der „ursprünglichen Einheit aller Dinge im Geiste" (Ast 1808, 167f). Für Ast, den Freund und zeitweiligen Wohngenossen Friedrich Schlegels, gewährleistet eine allumfassende Humanität das Verstehen eines nur oberflächlich (von Zufall, Zeitabstand, Subjekt bestimmt) devianten Geistes. Die Instanz des Verstehens ist unabhängig von Autor, Interpret und Leser. Sie liegt im Ursprung eines umfassenden Geistes, von dem der Einzelne zwar entfernt - und entfremdet - ist, der als anthropologische Konstante Verstehen aber überhaupt erst ermöglicht.

Schleiermachers Leser kann sich auf solch eine Sicherheit nicht verlassen. Er muß mühsam das sprachliche Gewebe herausarbeiten, als dessen Funktion der Autor erst operieren kann; und er muß historisch-kritisch den je individuellen Ausdruck des Schriftstellers bestimmen. Erst dann ist es dem Rezipienten möglich, über den Horizont des Autors hinauszugehen, Verborgenes und Unbewußtes sichtbar zu machen und ihn „besser zu verstehen" (HE 40, 56, 87).

2.2. Disziplinierung des Lesers durch Methode und Ziel

In der Bewegung vom Problematisch-Allgemeinen hin zum Praktisch-Konkreten nähert sich Schleiermacher einigen der von ihm selbst kritisierten Positionen wieder an. Zwar ist ihm jedes Verstehen nur ein vorläufiges (HE 147), nichtabzuschließendes (HE 115) und bleibt auch die Figur des Nichtverstehens in seinen Schriften präsent (HE 141), dennoch formuliert er deutlich als Ziel, nicht nur die „Einheit des Menschen" zu finden, sondern auch die „Äußerungen dieser Einheit ... *bestimmt* [zu erkennen]" (HE 113). Die Absicht, eine ideale, wahre Lesart finden zu wollen, bricht an vielen Stellen durch. Schleiermacher polemisiert gegen eine „kabbalistische Auslegung", die „in jedem alles finde[t]" (HE 85). Er fordert, zu „klarer Einsicht" (HE 73) zu gelangen, „die wahre vollkommene Einheit des Wortes zu finden" (HE 91), die „richtige Meinung" (HE 94) herauszufiltern und die „richtige Auslegung" (HE 84) zu vollziehen.

Schleiermacher unterscheidet die grammatische und die technische Exegese. Bei ersterer habe man vom „Bildungsgesetz der Sprache auszugehen" (HE 39). Sie operiert mit einer negativen Beweisführung. Aus dem

„unendlichen Unbestimmten" muß das „endliche Bestimmte" „construiert" werden (HE 82). Von Wort zu Wort über den Satz zum Text und zur Sprache sowie - getreu dem hermeneutischen Zirkel - die gesamte Kette wieder zurück. Die Bestimmung erfolgt nach einem Ausschlußverfahren falscher Bestimmungen, bis die eine „richtige" zurückbleibt. In diesem Zusammenhang ist die Sprache ein System, das streng definierten Regeln gehorcht. Denken und Sprechen sind gezwungen, dieser Struktur zu folgen. „Der Mensch mit seiner Thätigkeit verschwindet und erscheint nur als Organ der Sprache." (HE 113) Die Sprache spricht sich also selbst. Sie dominiert Autor und Rezipient. Die „Einheit des Sinns" ist grammatisch fundiert (HE 40). Eine Vielheit, Unendlichkeit und Vagheit ist lediglich technisch bestimmt (HE 39f). Für diese „Verunreinigung" sei der Autor verantwortlich zu machen.

Daher konzediert Schleiermacher, daß man nicht die Gesamtheit der Sprache für eine Auslegung herannehmen könne. Die Sprache ist zwar „fest", aber auch „theilbar, niemand hat sie ganz." Sie ist der Zeit und des Raumes nach geteilt (HE 57). Aus der Gesamtheit der Sprache müsse die Schnittmenge aus der Sprache des Schriftstellers und der seines ersten Lesers gewonnen werden. Nur dort „suche [man] die Möglichkeit der Interpretation" (HE 57). Es handelt sich hierbei also um eine historisch und regional/lokal begrenzte und stabile Version von Sprache bzw. Dialekt. Sie umfaßt alle Regelmäßigkeiten und Abweichungen[18] und ist eine notwendige Grundlage für die „Kunst, aus der Sprache und mit Hilfe der Sprache den bestimmten Sinn einer gewissen Rede zu finden." (HE 57) Der Sinn liegt also schon in der Sprache - zuweilen offensichtlich, meistens verborgen. Dem Text und den Regeln der grammatischen Exegese folgend, wird - so läßt sich Schleiermacher deuten - der Leser geradezu zwangsläufig Sinn und Bedeutung konstruieren können.

Der grammatischen gegenübergestellt ist die technische Auslegung. Ihr Ziel ist das „vollkommene Verstehen des Stils" (HE 108) eines Autors. Der Stil ist eine Einheit aus je individueller Komposition und Sprachbe-

---

[18] Diese müssen und können bestimmt werden: "Auch die einer bestimmten Zeit eigenen Aberrationen gehören zum gemeinschaftlichen [Korpus der Sprache]." (HE 34). Bei näherer Betrachtung löst sich das feste Regelwerk der Sprache allerdings wieder in ein "unendliches Unbestimmtes" auf (s.u.).

handlung durch den Schriftsteller (HE 116). Deshalb müsse man den Menschen (HE 44) und alle Details aus seinem Leben, Denken und Schreiben kennen, auch das „Persönlichste und Besonderste" (HE 37). Das Verhältnis von Individuum und Sprache ist ihrem Verhältnis in der grammatischen Auslegung diametral entgegengesetzt. Erscheint der Mensch dort nur als „Organ der Sprache", so gilt hier: „Die Sprache mit ihrer bestimmenden Kraft verschwindet und erscheint nur als Organ des Menschen, im Dienst seiner Individualität, so wie dort [in der grammatischen Auslegung, Anm. T.M.] die Persönlichkeit im Dienst der Sprache." (HE 113) Individualität ist für Schleiermacher von Geschlossenheit und Unverletzlichkeit bestimmt. Jedes Individuum unterscheidet sich zwar von jedem anderen, ist jedoch als eine Einheit, als etwas Unteilbares verstanden. Diese Geschlossenheit muß aufgespürt werden. Die „Einheit des Menschen soll gefunden ... und die Äußerungen dieser Einheit sollen bestimmt erkannt werden." (HE 113) D.h. der Aktionsradius des Rezipienten ist erheblich eingeschränkt; seine Aktivitäten sind vorbestimmt. Er stellt keine Fragen hinsichtlich Genese, Zustand und Unbestimmtheit eines Individuums. Es ist als konkreter, aber gleichsam idealer kompakter Körper mit einem - paradoxerweiser sich entwickelnden, aber trotzdem homogenen - Geist gedacht und muß in diesem Zustand nur noch aufgefunden werden. Das, so schlägt Schleiermacher vor, gelinge dem Interpreten nur durch ein Verlassen des eigenen kognitiven und kulturellen Raumes und ein Verschmelzen mit dem Autor: „Eine Hauptsache beim Interpretieren ist, daß man im Stande sein muß, aus seiner eigenen Gesinnung herauszugehen in die des Schriftstellers." (HE 32) Der - in diesem Fall nicht unterschiedene - Leser/Interpret muß sich selbst vollständig aufgeben und in den Autor diffundieren. Der Schriftsteller schwingt sich zu absoluter Herrschaft über sein Auditorium auf.

2.3. Verschobene Herrschaft

Allerdings gesteht Schleiermacher ein, daß die Postulate vom völligen Verstehen der Sprache und des Stils nicht erfüllbar sind. Das belegen die Probleme, die er vorher benannt hat. Sie liegen in der Unmöglichkeit,

- vollkommene Kenntnis von der Sprache zu erlangen,
- eine exakte Schnittmenge des dem Schriftsteller und (erstem) Leser gemeinschaftlichen sprachlichen Feldes zu bilden,
- die dem Schriftsteller eigentümliche Komposition und Sprachbehandlung bis ins kleinste Detail aufzufinden,
- vollständige Kenntnis des Autors zu erringen,
- zu gewährleisten, daß die erste Adresse des Textes in seinem Selbstverständnis mit der Annahme des Autors von ihr konvergiert und
- daß der Leser/Interpret völlig mit der „Gesinnung" des Autors verschmilzt.

Allenfalls kann man sich diesen Zielen annähern (HE 115). Dazu verhilft Schleiermacher die Denkfigur des hermeneutischen Zirkels. Er greift sowohl innerhalb der grammatischen als auch der technischen Auslegung sowie in einer Bezugnahme beider Methoden aufeinander. Durch diesen zuallererst qualitäts- und „wahrheits-"sichernden Kunstgriff gelangen Unabschließbarkeit und Kontingenz wieder in die „strenge" Hermeneutik zurück.

2.3.1. Der hermeneutische Zirkel als Mittel der Differenzierung

Der hermeneutische Zirkel besteht darin, aus dem Verständnis des Einzelnen das Ganze zu verstehen und gleichzeitig aus dem Verständnis des Ganzen sich das Partikulare besser zu erschließen. Das Verhältnis vom Ganzen und Einzelnem verortet Schleiermacher auf mehreren Analyse-Ebenen. Es handelt sich in aufsteigender Reihenfolge um Wort — Satz, Satz — Gliederung sowie Gliederung — Werk. Das auf „unterer" Ebene Ganze wird auf der nächsthöheren Stufe - in einer anderen Relation - zum Einzelnen umgewandelt. Oberhalb der Werkebene verfährt Schleiermacher wie folgt: Werk — Gattung sowie Werk — Autorleben (HE 147). Man muß genau hinhören, wie die Beziehung zwischen Einzelnem und Ganzen bei ihm beschaffen ist. Es handelt sich nicht um die Opposition Mikrokosmos — Makrokosmos, Einzelnes — Ganzes. Das „Ganze" ist stets als Bezugssystem, als „Umwelt" für die einzelnen Elemente zu betrachten. Und diese Umwelt setzt sich aus gleichartigen Elementen zusammen: der Satz aus einer Summe von Worten, die Gliederung aus Sätzen, das Werk aus Gliederungen (gegliederten Textabschnitten), die Gattung aus Werken... Ein Element kann daher in Unterscheidung von den anderen Elementen gewonnen und bestimmt werden. Besonders deutlich wird dieser - uns an Derrida erinnernde - Ansatz in der grammatischen Interpretation.

2.3.2. Differenzierung als Gefahr

Schleiermacher schlägt unterschiedliche Verfahren zur Bestimmung von Bedeutung vor. Eines besteht im Aufsuchen und Vergleichen von Parallelstellen (HE 95, 143). Diese müssen zunächst von ihrer jeweiligen Umgebung isoliert werden. Generell ist „jedes Element auf eine besondere Weise bestimmbar durch die übrigen" (HE 82). Ein Wort ist von einem anderen zu unterscheiden, zu trennen, zu differenzieren.

Dem gegenüber steht: Die einzelnen Worte beziehen sich aufeinander, erklären sich gegenseitig. Die Bedeutung von Sätzen ist nur aus anderen Sätzen, aus dem Kontext, in dem sie sich befinden, abzuleiten. Hauptgedanken kristallieren sich als solche nur in Bezug zu Nebengedanken heraus, von denen sie sich herausheben (HE 73).

In Hinblick auf sein Ziel - die richtige Auslegung - verspürt Schleiermacher einen unauflösbaren Konflikt. Einerseits muß die Vielheit der Sprachelemente aufgelöst werden. Sie „muß notwendig in Gegensätze aufgehen." Aber, so Schleiermacher weiter, „Allein im einzelnen Vorkommen ist das Wort nicht isoliert: Es geht in seiner Bestimmtheit nicht aus sich selbst hervor, sondern aus seinen Umgebungen." (HE 92) Im Zusammentreffen von Unterscheidung einerseits und Bezug andererseits besteht eine Gefahr. Aus ihrem Kontext herausgelöst, drohen die Elemente der Sprache verfälscht zu werden: „Daher es denn so leicht geschieht, daß ganz falsche Vorstellungen mit einzelnen Sätzen eines Schriftstellers verbunden werden, wenn man die Sätze aus ihrem ursprünglichen Zusammenhang herausgerissen nun als Belege oder Beweisstellen einem anderen Zusammenhang einverleibt." (HE 143) Eine Sinnverschiebung ist für Schleiermacher eine Katastrophe.[19] Eine Resignifikation bliebe nicht allein. Wie

---

[19] An anderer Stelle heißt es: "Man kann in vielen Fällen wohl beweisen ... daß ein Wort in einer gegeben Verbindung keine andere als eine bestimmte Bedeutung haben

bei einem Dominoeffekt verschöben sich auch benachbarte Signifikanten. In Schleiermachers Schriften zeichnet sich eine Konsequenz ab, die er doch nicht bereit ist zu gehen. Der Kontext, die benachbarten Sätze bestimmen den Sinn eines Satzes. Aus anderer Perspektive betrachtet flottieren die Signifikanten. Sie verändern ihre Bedeutung. Schleiermacher vernachlässigt diesen unangenehmen Befund, indem er den Zirkel ausgreifen und kreisen läßt - in der Hoffnung, sich dem richtigen Sinn so weit wie möglich anzunähern. Die Approximation ist ihrerseits ein Prozeß des stetigen Umschreibens und Verschiebens. Der Falle ist nicht zu entkommen. Selbst Schleiermachers Warnung rückt hier in die Nähe der *Différance*.

Zwar läßt sich Friedrich Schleiermacher schwer als Prä-Poststrukturalist aufbauen. Bemerkenswert ist jedoch, wie er mit seinem akribischen Suchen Problemen nahe kam, die mehr als ein Jahrhundert später einen Kreis von Wissenschaftlern beschäftigte, die wahrscheinlich abgelehnt hätten, ihn in ihre Ahnengalerie aufzunehmen. (Sicherlich sind nicht alle Überlegungen Schleiermachers in diese Traditionslinie aufzunehmen.) Dennoch lohnt ein Blick auf Schleiermachers Begriff von Sprache. Auch hier haben wir disparate und überraschende Splitter zu erwarten.

2.4. Exkurs zum Sprachbegriff

2.4.1. Sprache im Kraftfeld von phonetisch-skriptural

Schleiermachers Verständnis von Sprache oszilliert. Zumeist ist sie phonetisch grundiert, wird als Rede resp. innere Rede bezeichnet (HE 80). Sprache wird „vernommen" (HE 139). Trotz der Betonung des gesprochenen Wortes, selbst des Alltagsgesprächs, bezieht sich Schleiermacher auf die Schrift. Denn die gesprochene Rede ist eine Sequenz von Lauten. Sie kann zwar in Phoneme unterteilt, einzelne Phoneme zu Worten verbunden und die Worte wiederum voneinander abgesetzt werden. Trotz dieser Kulturtechnik der (beinahe) augenblicklichen Differenzierung bleibt

---

könnte; ja man kann durch das Ineinandergreifen solcher Elementarbeweise, wenn man irgendwo außerhalb dieses Kreises einen Standpunkt hat, auch wohl den Sinn eines Satzes befriedigend beweisen: Aber wieviel andere Fälle gibt es ... wo eben, weil man von dem einen Stützpunkt aus etwas anderes anderes wahrscheinlich machen kann, als von dem anderen, zu einer notwendigen Einsicht kein Raum bleibt." (HE 132).

die gesprochene Sprache ephemer. Sie entzieht sich der Analyse, rauscht unwiederbringlich vorbei. Die grammatische Auslegung kann nur an der Schrift vollzogen werden. Nur diese erlaubt ein Herausschälen einzelner Wörter, ihr Umkreisen und das wiederholte In-Beziehung-Setzen zu anderen Worten: „Der Sinn eines jeden Wortes an einer gegeben Stelle muß bestimmt werden nach seinem Zusammensein mit denen die es umgeben."[20] Wortbedeutungen müssen in Wörter*büchern* nachge*schlagen* werden, (HE 92, 95, 145) Parallelstellen in anderen Texten aufgesucht und zur Erläuterung herangezogen werden (HE 95, 143). Nur in der niedergelegten Schrift kann man das Ganze gleichzeitig vor sich haben, (HE 144) und das Einzelne nachschlagen (HE 145). Die grammatische Auslegung hat die helle Seite der Schrift - die Unterstützung des Gedächtnisses, die zwar verschobene, aber dauerhafte Verfügbarkeit eines Textkorpus - zur Grundlage.[21] Trotz der wiederholten Schreibe von der Rede ist der Gegenstand der Hermeneutik Schleiermachers die schriftlich fixierte Sprache. Es ist die einzige Form der Sprache, zu der der Wissenschaftler unmittelbaren Zugang hat. Aber sie beinhaltet nicht alle Facetten der Sprache; sie kann nicht die Formation des Denkens durch die Sprache erklären. Auch diese Differenz manifestiert sich in Schleiermachers Text.

2.4.2. Sprache(n) als Struktur des Denkens und Ausdruck des Denkens

In der grammatischen Auslegung betont Schleiermacher, daß der Mensch mit seinem Denken nurmehr Organ der Sprache sei (HE 113). Die Sprache gehe dem Denken vor, strukturiere es: „Es gibt kein Denken ohne Wort." (HE 140) Die Sprache ist eine anthropologische Konstante, ist subjektkonstituierend. „Die Angeborenheit der Sprache modifiziert den Geist." (HE 81) Ohne Sprache könnte sich kein Bewußtsein entfalten.

---

[20] (HE 95) Phonetische Aufzeichnungstechnologien erlauben inzwischen Vor- und Rücklauf und damit eine wiederholte Analyse des Wortes, seiner Stellung und seiner Relationen. Sie standen jedoch Schleiermacher nicht zur Verfügung. M.W. existieren nicht einmal gegenwärtig Hermeneutiken des gesprochenen Wortes. (Neben skripturalen Hermeneutiken allenfalls noch solche des Bildes und Ansätze zu einer Hermeneutik von Websites.)

[21] Übrigens ist Schleiermacher durchaus die rousseausche Topik der dunklen Seite der Schrift präsent, wenn er darauf hinweist, daß die Schrift das Verderben des Gedächtnisses befördere. (HE 146).

Diese Sprache ist eine „gegebene", ein „Gesetz". Sie ist nicht zu verwechseln mit der inneren Rede, der gesprochenen oder geschriebenen Sprache, denn: „Jede Rede setzt voraus eine gegebene Sprache." (HE 81) Es drängt sich auf, an die Ur-Schrift Derridas zu denken. Denn auch sie ist grundlegend sowohl für das Denken als auch für die gesprochene und die schriftlich fixierte Sprache.

So gesehen könnte man Schleiermacher eine Unterscheidung zwischen einer „Ur-Schrift" - dem „Sprachgesetz" - und der konventionellen Sprache/Rede/Schrift - dem „Sprachgebrauch" (HE 39) unterschieben. Der Gegenstand seiner grammatischen Auslegung oszilliert zwischen den Polen einerseits Naturwüchsigkeit und Vorgängigkeit und anderseits Nachgeordnetheit und Veränderlichkeit. Es wird nicht klar, welche Seite der Medaille Schleiermacher bevorzugt. Man müsse zwar vom „Bildungsgesetz der Sprache *ausgehen*", aber gleichfalls „Ehrfurcht vor dem Sprachgebrauch" (HE 39) haben. Sprachgebrauch vollzieht sich zunächst in der Rede. Seine Akteure sind Autoren, Sprecher, Lesende und Vernehmende. Ihr Tun basiert auf vorherigem Tun und bereitet das nachfolgende vor. „Jedes Verstehen einzelner Rede ist fortgesetztes Sprachverstehen ... Jedes Verstehen einer gegebenen Rede gründet sich auf etwas früheres von beider Art." (HE 46) Jede Handlung mit der Sprache und in der Sprache modifiziert die Sprache selbst. „Jeder Einzelne ist auch sprachbildend." (HE 46) Schriftsteller befinden sich in dem Kreislauf, an die Sprache gebunden zu sein, sie aber auch erst durch die Rede in die Welt zu bringen und damit zu verändern (HE 93).

Die Differenz sprachbeherrscht—sprachbildend ist nicht kommensurabel mit der Differenz Sprachgesetz—Sprachgebrauch. Die Handelnden in der Sprache sind sowohl ihren Bildungsgesetzen als auch dem Gebrauch unterworfen. Durch ihre Aktivität haben sie andererseits auch Einfluß auf die Bildungsgesetze und den Sprachgebrauch. „Ur-Sprache" und konventionelle Sprache sind determinierend *und* selbst einer Dynamik unterworfen. Eine kohärente Theorie des „Bildungsgesetzes der Sprache", das mit einer „Ur-Schrift" im Sinne Derridas konvergiert, kann aus den einzelnen Bruchstücken nicht gebildet werden (Dazu entzieht sich auch Derridas Schriftbegriff zu sehr einer Fixierung.) Lediglich der Hinweis auf eine verschlungene und verbindende Spur sei hier gegeben - eine Spur, die umso erstaunlicher ist, wenn man sich die Kritik, die Schleiermacher u.a. von Hans Georg Gadamer und Karl-Otto Apel zuteil wurde, die ihn als Propagandisten des „Verschmelzens" und des „Identischen" denunziert, vor Augen führt.[22] Bevor wir uns dieser Kritik - und den sich daraus ergebenden Entwicklungen - zuwenden, sollte noch ein weiteres Desiderat Schleiermachers untersucht werden.

2.5. Die Ambivalenz des „Besserverstehens"

Das Ziel hermeneutischer Anstrengung gipfelt darin, die Individualität des Autors zu finden und den Sinngehalt seiner Äußerungen zu erkennen (HE 113). Grammatische und psychologische Exegese sollen dabei Erkenntnisse zutage fördern, die über das Wissen des Autors über sich selbst, seine Schaffenssituation und sein Werk hinausgehen. Dem Blick des Schriftstellers Entzogenes und doch als Spur seiner Schrift auf dem Papier Hinterlassenes wird vom Interpreten sichtbar gemacht und analysiert. Erst wenn der Autor sich als Leser seines eigenen Werks betätigt, kann er das ihm (als Autor) Unbewußte reflektierend entdecken (HE 97, 81). Als sein eigener Interpret ist der Autor mächtiger, als er es als reiner Autor war. Insofern ist die Stellung des Spezialisten der Interpretation der des Autors gegenüber privilegiert. Der Konsument der Interpretation partizipiert an diesem Privileg. Solange er jedoch selbst nicht über das methodische Handwerkszeug verfügt, spielt er für Schleiermacher keine Rolle. Erst in exegetischer Arbeit kann er den Verstehensprozeß von Sprache und persönlichem Ausdruck weiter vorantreiben.

---

[22] Manfred Frank rehabilitierte Schleiermachers strukturalistischen Ansatz: "Schleiermacher verstand unter Struktur ein System von Beziehungen zwischen Elementen, deren jedes ... seine Bedeutung durch eindeutige Unterscheidung von allen anderen Elementen erwirbt." und verwies darauf, daß dieser von späteren Schülern ignoriert wurde: "Bei seinen unmittelbaren Schülern war die strukturale Interpretation noch bekannt; für Simmel, Heidegger, Bultmann, Ricœur und besonders für Gadamer und seine Schule geriet sie fast völlig in Vergessenheit.". Die strukturale Interpretation blieb - Schleiermacher ignorierend - bis auf Sartre und Ricœr in Frankreich angesiedelt, während die transzendentale Hermeneutik - Schleiermacher als Gründungsfigur benutzend - in Deutschland dominierte. (Frank 1984, 14f).

Andererseits gründet das Postulat vom „Besserverstehen"[23] auf der Sicherheit eines Verfahrens, das nur richtig angewendet werden muß, um quasi automatisch wahre Einsichten (in Annäherung) zu erlangen. Letztlich wird also der Autor zwar entmachtet; ermächtigt wird jedoch nicht der Interpret, sondern die Methode - präziser, der an die Methode gefesselte und sie exekutierende Interpret. Ihm ist ein Verfahren in die Hand gelegt, das Schritt für Schritt Mißverständnisse aufdeckt, falsche Bedeutungen eliminiert, bis im Idealfall *ein*-Sinn, *eine*-Sicht zurückbleibt. Die so gewonnenen Einsichten richten sich direkt auf Körper und Geist - den Textcorpus, seinen Geist und den seines Schöpfers. Die Botschaften liegen schon vor, sind vom Autor auf verschiedene Weise vorgegeben. Sie müssen nur entschlüsselt werden. Auf subtile Weise diktiert der Autor Rahmen und Gegenstand der Untersuchung. Das Ergebnis soll zwar über seinen Kenntnisstand hinausgehen, er gibt die Dimension des zu Verstehenden jedoch vor. Die Arbeit des Interpreten ist der des Autors untergeordnet. Sie versucht den Produktionsprozeß nachzuvollziehen und zu bestimmen, was der Autor sagen wollte (d.h. was ihm bewußt war zu sagen), was er gezwungen war zu sagen (aufgrund seiner Einbindung in Sprache und Kultur) und was er (ihm selbst verborgen geblieben) gesagt hat. In der Erläuterung dieser Ebenen von Aussagen agiert der Interpret als Vormund des Lesers. Er tritt zwischen Text/Autor und Leser, füllt diesen technologischen Spalt aus. Sein Ziel soll es sein, den Spalt vergessen zu machen und ganz in den Autor, seine Sprache und seine Zeit einzudringen. Die Kompetenz, die Besserverstehen gewährleistet, liegt nicht im zeitlichen und kulturellen Abstand. Sie liegt in der absoluten (als absolut angenommenen, in ihrer Absolutheit angestrebten) Kenntnis über Sprache und Individuum. Die Differenz spielt nur zu Beginn eine Rolle, wird jedoch durch eine doppelte divinatorische Setzung (die raumzeitliche Verortung des Autors und das Verschmelzen des Interpreten mit diesen Koordinaten) gelöscht.

Immer dann, wenn für Schleiermacher die Materiallage für eine vergleichende und differenzierende Untersuchung unbefriedigend ist (HE 151)

---

[23] Präziser: "Zuerst ebenso gut und dann besser als der Schriftsteller sich verstand". (HE 56, 87).

oder er überhaupt den Ausgangspunkt eines Vergleiches festlegen muß, (HE 137f, 140) greift er zum gleichsam kühnen, pragmatischen und objektiv-idealistischen Mittel der Divination. In dieser Lücke, die von einer komparativen, selbstreferentiell kreisenden, Differenzen bildenden Methode gelassen werden, kehrt für Momente die Macht des Interpreten zurück. Für die divinatorische Setzung vermag Schleiermacher keine Kriterien anzugeben. In die „Einheit alles Geistigen" à la Ast dürfte er kaum zurückfallen wollen. Vom schöpferischen Ich der Romantik, das im genialen Künstler seinen Ausdruck fand, fällt ein Splitter dem Interpreten zu. Hier ist eine Spur angelegt, die - wie diese Arbeit zumindest glauben zu machen sucht - in der Folgezeit deutlicher, breiter und fester wird, gleichzeitig aber ihr Profil ändert.

2.6. Fazit

Psychologisches und grammatisches Verstehen sind eng an den Autor geknüpft - das psychologische an das gesamte Denken und Leben des Autors, das grammatische an die Totalität seines sprachlichen Systems (Vgl. HE 101ff; Schneider (1991, 29f)). Autor und Werk sind hier starre Größen, die im Zuge eines Interpretationsprozesses ideal und wahr rekonstruiert werden können. Die historische, soziale und räumliche Distanz zwischen Autor und Interpret muß vom Interpreten übersprungen werden - ein unerfüllbarer Leistungsanspruch der Hermeneutik, da sich die Perspektive des Rezipienten zwangsläufig in die Rekonstruktion des Sinnhorizonts des Autors, den geschichtlich-geografischen Ort seiner Existenz, einschreibt. Trotz des angestrebten „Verschmelzens" (WM 270ff; Sundermeier (1996, 13)) von Interpret und Autor bleibt der Interpret allerdings - getreu der „modernen" Zwergenmetapher - privilegiert; lt. Schleiermachers Diktum soll er den „...Autor besser verstehen, als er sich selber verstand." (Dilthey 1961, 268) Schon Schleiermacher sieht also den Autoren nicht als idealen Interpreten seines Werks; bereits für ihn ist die Differenz von Autor und Interpret nicht nur Hindernis, sondern auch fruchtbares Element. Zu beachten gilt, daß dem Interpreten, die Macht über den Autor nur dann zufällt, wenn er sich streng nach einer strengen Methode richtet. Verkürzt läßt sich konstatieren, daß die durch die Konturen von Autor und Text geformte Methode der Interpretation sich über den reinen

Autoren erhebt - so lange er nicht zum Leser seiner eigenen Texte und damit zum Interpreten wird.

3. Anders-Verstehen mit Hans Georg Gadamer

3.1. Kritik an Schleiermacher - Der Abschied von der Autorintention

Hans Georg Gadamer sieht in Schleiermachers Hermeneutik[24] nur die historische Rekonstruktion einer Aussageintention. Er wirft Schleiermacher - sicher teilweise zu Recht - vor, die „Wiederherstellung des Ursprünglichen, der Welt, der es zugehört" zu betreiben (WM 171f). Die Rekonstruktion des Ursprünglichen ist Gadamer nichts anderes als „die Mitteilung eines erstorbenen Sinns." (WM 172) Er bezweifelt - wie Schleiermacher es allerdings partiell auch problematisiert -, daß ein „Gegenstand an sich" überhaupt existiere. Erst „durch die Motivation der Fragestellung konstituiert sich überhaupt Thema und Gegenstand der Forschung" (WM 289). Über Schleiermacher hinausgehend nimmt er dezidiert davon Abstand, die Autorintention bestimmen zu wollen. Sie sei dem Leser, dem Interpreten nicht zugänglich. Hier klingen radikal-konstruktivistische Überlegungen an. Im Anschluß an die Systembiologen Maturana und Varela behaupten die Radikalen Konstruktivisten, daß ein Beobachter keine von ihm unabhängigen Aussagen über die ihn umgebene Umwelt treffen kann. Jeder Gegenstand, jede Kenntnis und Erkenntnis wird vom Beobachter als abgeschlossenem kognitiven System präfiguriert. Letztendlich erzeugt das kognitive System autopoietisch die Welt, von der es annimmt, umgeben zu sein.[25]

---

[24] Auch Gadamer favorisiert im übrigen die psychologische Auslegung.

[25] Vgl. v.a. die beiden von Siegfried J. Schmidt herausgegebenen Sammelbände zum Radikalen Konstruktivismus: Schmidt (1987 und 1992). Die Metapher vom Gehirn im Tank (wir können nicht entscheiden, ob die Welt, die wir wahrnehmen, tatsächlich existiert oder ob unser Gehirn nur mit einer Maschine verkabelt ist, die Zustände und Zustandsveränderungen erzeugt) verweist ihrerseits auf die Unsicherheit einer ontologischen Welt. In dieser Ambivalenz verbleiben im übrigen auch die Radikalen Konstruktivisten. Sie negieren nicht eine vom kognitiven System unabhängige Welt; sie erklären lediglich, keinen Zugang zu dieser Welt zu haben und keine Aussagen über sie treffen zu können. S. Roth (1992, 321f).

Auch in den - von der antiken Rhetorik entlehnten - hermeneutischen Zirkel spielt radikal konstruktivistisches Gedankengut hinein: Die Bedeutung der Sinnelemente wird durch ihre Stellung innerhalb des Sinnganzen bestimmt, das sie zugleich konstituieren. Vgl. Schneider (1991, 33), Apel (1971, 16) D.h., die Interpretation erzeugt

Verstehen ist für Gadamer beständiges Entwerfen (WM 271). Das hat Schleiermacher auch in seiner Problematisierung des Verstehens postuliert; in seiner Methodik hat jener sich jedoch an die Herstellung der ursprünglichen Aussage geklammert. Subjekt des Verstehens war der an die Methode gefesselte Interpret; Objekt des Verstehens die Autorintention. Wenn wir nun voraussetzen, daß Gadamers Subjekt ebenfalls der Interpret ist[26], stellt sich die Frage, wie der Gegenstand des Verstehens für ihn beschaffen sein mag. Die Autorintention ist ausgeschlossen. Dessen Welt und Weltsicht könne man nicht sicher rekonstruieren. Gadamer kritisiert an der romantischen Hermeneutik, daß sie „in der Gleichartigkeit der Menschennatur ein ungeschichtliches Substrat für ihre Theorie des Verstehens in Anspruch genommen hat." (WM 295) Zuallererst dürfte sich diese Kritik auf Friedrich Ast beziehen, auf die allumfassende Humanität, die „ursprüngliche Einheit aller Dinge im Geiste" (Ast 1808, 167f), die das Verstehen garantiere. Expliziter Ausgangspunkt dieser Kritik ist jedoch Friedrich Schleiermacher. Das mutet ungerecht an. Denn gerade Schleiermacher stellte das Gelingen von Verstehen makro- und mikroskopisch in räumlicher und zeitlicher Hinsicht in Frage. Aber letzten Endes setzte er doch auf einen Dialog, auf das allmähliche Verstehen des Au-

---

ihre konstituierenden Elemente selbst und kann damit - überraschenderweise ganz postmodern - als autopoietisch charakterisiert werden. Auch Gadamer rekurriert darauf, wenn er fordert, daß der Text aus sich selbst verstanden werden muß. (WM 297) Dieses autopoietische Konzept, das gegenwärtig in *hard sciences* und *humanities* gleichermaßen auftaucht, markierte im 19. Jahrhundert eine bedeutsame methodologische Differenz. Zunächst Johann Gustav Droysen, später - und wissenschaftshistorisch folgenreicher - Wilhelm Dilthey trennen Natur- und Geisteswissenschaften in erklärende und verstehende Wissenschaften. (Droysen führt als dritte Methode noch das spekulative Erkennen von Philosophie und Theologie ein. Vgl. Apel (1971, 15). Naturwissenschaftler beobachten danach die vom Menschen unabhängige Natur und stellen mittels ergänzender Schlüsse und verbindender Hypothesen Regeln und Gesetze auf, die aus dem Früheren das Spätere zu erklären vermögen. Verstehen hingegen bezieht sich auf die vom Menschen gemachte Welt. Es handelt sich um ein Nacherleben innerer Zustände, das differenten Individuen durch ihre strukturelle Gleichheit möglich ist. Die strukturelle Gleichheit beruht darin, "...daß der, welcher die Geschichte erforscht derselbe ist, der die Geschichte macht." (Dilthey zit. nach Apel (1971, 21). Vgl. auch für den Komplex Droysen-Dilthey die Zusammenfassung Apel (1971, 15ff)) (Nicht nur) mit Maturana und Varela wird die von Dilthey und Droysen proklamierte Trennung von Natur- und Geisteswissenschaften also wieder überbrückt.

[26] Zu einer präziseren Untersuchung dieses Subjekts - v.a. im Vergleich mit dem von Schleiermacher - werden wir später gelangen.

tors, bis man die Einheit dieses Menschen und seine Äußerungen besser verstehe, als er sich selbst verstand. Nicht die Kritik vermeintlicher Ungeschichtlichkeit - wie sie Ast gegenüber angebracht wäre - trifft Schleiermacher, sondern seine Ausrichtung auf den trotz aller Hindernisse anzustrebenden idealen intersubjektiven Dialog zwischen Produzent und Rezipient.

3.2. Weg vom Autor, hin zum Text

Gadamer versucht nicht, den Autor zu verstehen. Er will ihn nicht einmal „besser verstehen" und das unbewußt Hineingelegte hervorholen. „Der Künstler, der ein Gebilde schafft, [ist] nicht der berufene Interpret desselben ... Die Meinung, die er als Reflektierender hat, ist nicht maßgebend. Maßstab der Auslegung ist allein, was der Sinngehalt seiner Schöpfung ist, was diese `meint`." (WM 195) Gadamers Untersuchungsgegenstand ist also der Text, nicht der Autor. „Textsinn und Intention treten auseinander.", bemerkt Wolfgang Ludwig Schneider in Bezug auf Gadamer (Schneider 1991, 57). Sein Ziel bestehe darin, den Sinn eines Textes zu erkennen. Er geht über das historische Verstehen, also das Erkennen der Sachmeinungen der Ursprungsepoche, und über das psychologische Verstehen, also die Rekonstruktion von Erzeugungsprozeß und Bedeutungsintentionen, hinaus.[27] Demgegenüber privilegiert er das Sachverstehen, das Verstehen des Textsinns. Texte sollen als Antworten auf mögliche Fragen ausgelegt werden.

3.2.1. Was ist ein Text?

Gadamer operiert mit zwei Arten von Texten. Zum einen sind sie für ihn als überlieferte Artefakte gegeben (WM 341). Als Urkunde und Zeichenbestand sind sie endlich und abgeschlossen (TI 37, 39). Sie bewahren ihre Substanz, ihr Potential, ihre Identität (WM 379). Leser und Interpret sind an den Text gebunden; sie vermögen nicht über ihn hinauszugehen. Letzt-

---

[27] Der überlieferte Text ist fremd geworden. Er soll seine Fremdheit bewahren und - nicht kurzschlüssig aktualisiert -, aber im Horizont eines aktuellen Interesses zum Sprechen gebracht werden. So bestimmen die Herausgeber einer Festschrift für Helmut Brackert das Operationsfeld der Mediävistik. (Bovenschen 1997) Gadamers Hermeneutik kommt hier komplett zum Tragen.

endlich entscheidet der Text sogar über Ge- und Mißbrauch. Am Beispiel der juristischen Hermeneutik verdeutlicht Gadamer, daß der Text Grenzen und Rahmen der Auslegung vorgibt und eine Verdrehung von vornherein ausschließen muß (TI 40; WM 330ff).

3.2.1.1. Text als Kommunikation

Andererseits betont Gadamer das Prozeßhafte und Dynamische jedes Verstehens. Ins Werk schreibt sich seine Wirkungsgeschichte ein (WM 301, 306). Interpretationen sind historischem Wandel unterworfen. Grund ist die Sinnfülle eines jeden Werkes. Sie ist immer schon da, jedoch nicht unmittelbar zu erkennen und auszuloten. Der Sinn liegt im Text verborgen und muß hervorgeholt werden. Dieser manifeste Sinn verursacht beim Zusammenprall zwischen Werk und Leser eine - vom Horizont des Interpreten abhängige - potentielle Unabgeschlossenheit. Die Fortdauer der unmittelbaren Sagkraft des Werkes ist grundsätzlich unbegrenzt." (WM 295) Sie erlaubt kontingente Lesarten. Kommunikate sind einer Veränderung - im idealen Fall einer Steigerung - unterworfen. Dennoch sind die einzelnen Kommunikate ihrerseits wiederum begrenzt, denn die geschichtliche Endlichkeit des individuellen Daseins impliziert eine gewisse Abgeschlossenheit; eine Abgeschlossenheit, die sich dessen bewußt sein muß, nicht die letzte Lesart zu sein. Wir dürften nicht vergessen, „daß nach uns andere immer anders verstehen werden." (WM 379)

Texte existieren - so lautet Gadamers zweiter Gebrauch von „Text" - immer nur in der Zirkulation, in der Kommunikation. Sie dehnen sich aus. Selbst der Rezipient gelangt noch in den Text. „In allem Lesen geschieht ... eine Applikation, so daß, wer einen Text liest, selber noch in dem vernommenen Sinn darin ist. Er gehört mit zu dem Text, den er versteht." (WM 345)

Schon in „Wahrheit und Methode", besonders deutlich aber in der von Philippe Forget dokumentierten Diskussion mit Jacques Derrida (Forget 1984), betont Gadamer das Prozeßhafte des Lesevorgangs, das von dem diese Bewegung auslösenden Text keinesfalls separiert werden kann. Texte befinden sich in einem Kreislauf beständiger Rückkopplung. Einerseits ist ein Text „der Text der Schrift, deren Auslegung in Predigt und Kirchenlehre betrieben wird, so daß der Text die Grundlage für alle Exegese darstellt, alle Exegese aber Glaubenswahrheiten voraussetzt" (TI 34), die ihrerseits textuellen Formats sind. Texte können aber auch temporal und kausal nachfolgend sein: Dann, wenn eine Interpretation zur kritischen Herstellung eines Textes führen möge (der wiederum erneuter Deutungsanstrengung unterzogen werden kann). Als hermeneutischer Begriff ist der „Text" für Gadamer kein End-, sondern „bloßes Zwischenprodukt, eine Phase im Verständigungsgeschehen, die als solche gewiß auch eine bestimmte Abstraktion einschließt, nämlich die Isolierung und Fixierung eben dieser Phase." (TI 35)

Um die Dynamik des Verstehens herauszuarbeiten, verläßt Gadamer den textgeleiteten Raum und argumentiert mit der mündlichen Rede, dem lebendigen Dialog. „In diesen Formen des Austauschs von Wort und Wort, Frage und Antwort, vermag sich wirklich Einverständnis herzustellen." (UD 60) Gadamer zitiert das platonische Modell und erhebt es als Muster des sich bildenden und umbildenden Übereinkommens zu seiner Figur des Verstehens. Aber schon Schleiermacher hat darauf hingewiesen, daß man sich nicht sicher sein könne, daß mein Dialogpartner mich als Adressat so denkt, wie ich mich selbst denke. Das Einverständnis bewegt sich demnach auf sehr unsicherem Grund.

3.2.1.2. ...und doch wieder fest

Allerdings verliert bei näherer Betrachtung der Text in Gadamers Perspektive seinen intermediären und unabgeschlossenen Charakter. Er erhält feste Konturen. Ihn muß Lesbarkeit (in wortwörtlicher und übertragener Bedeutung) auszeichnen (TI 36f). Er muß einen gewissen Nobilitierungsgrad erreichen und auf einen allgemeinen Rezipientenkreis treffen. Eigene Notizen gelten Gadamer kaum als Text. Ebensowenig die den Kollegenkreis nicht verlassende wissenschaftliche Mitteilung oder der seinen Adressaten erreichende Brief (TI 37f). Nur das schriftlich Vermittelbare erfüllt den Anspruch an einen Text. Scherze und ironische Aussagen sind Antitexte, da ihr Verständnis vom außersprachlichen Kontext – und meist auch von Situation, Mimik und Gestik abhängt. Pseudotexte – rhetorische Füllsel – liegen ebenso unterhalb der Gadamerschen Textebene wie Prätexte, die nicht sich selbst ausdrücken, sondern etwas Verborgenes indizieren. Gadamer nennt ideologische Texte und die der psychologischen Deutung unterzogenen Träume (TI 43f).

„Text" fungiert als Urkunde. Seine Aufgabe besteht darin, das ursprünglich Gekündete - als sinnhaft Identisches - so zu fixieren, daß dessen Sinn eindeutig verständlich wird (TI 39). Das Verkündete meint hier - in Differenz zu Schleiermacher - nicht die ursprüngliche Intention des Sprechenden, „sondern was er hat sagen wollen, wenn ich sein ursprünglicher Gesprächspartner gewesen wäre." (TI 39) Dieser Verstehensprozeß ist normativ (wenn man, wie Gadamer es tut, davon ausgeht, daß diese Situation eindeutig herstellbar ist). Der Interpret befindet sich zwar zwischen dem Text, von dem er ausgeht und jenem, den er erstellt - er ist jedoch dem ersteren ausgeliefert.

3.3. Vorverstehen als textgeleitete Freiheit

Gadamer sieht im Verstehen einen beständigen Kampf, der sich zwischen der sachlichen Wahrheit des Textes und der Vormeinung des Rezipienten vollzieht. Er ist sich des Spaltes zwischen Produzent und Rezipient bewußt. Verstehen ist wesenhaft vorurteilsbehaftet (WM 274). Vorurteile bezeichnet er nicht als falsche Urteile, sondern als - noch - nicht begründete. Er rehabilitiert Vorurteile als Vor-Urteile und sieht in ihnen nicht - wie Adorno - wahrnehmungsbehindernde Splitter im Auge. Dennoch versucht er - nicht vollends überzeugend - wahre von falschen Vorurteilen zu trennen (WM 304). Vorurteile der Autorität - die durch die Tradition gesetzt werden - und der Übereilung - die durch zu schnelles Verstehen unterlaufen - bezeichnet er als legitim (WM 281f). Später zweifellos zu revidierende Fragen an den Text werden nicht nur als notwendig erachtet, sondern begrüßt. Der Rezipient stellt die erste Frage, benennt das erste Vorurteil. Daran arbeitet er sich weiter ab: formuliert Vorurteile in Fragen um; Fragen nach der Überlieferung und der Veränderung der Sprache. Die entscheidende Frage ist jedoch die, für die der Sinn des Textes eine Antwort ist. Sie gilt es zu rekonstruieren. Gadamer greift auf Collingwoods Überlegung zurück, wenn er sagt:

> „In Wahrheit kann man einen Text nur verstehen, wenn man die Frage verstanden hat, auf die er eine Antwort ist. Da man diese Frage aber nur aus dem Text gewinnen kann, mithin die Angemessenheit der Antwort die

methodische Voraussetzung für die Rekonstruktion der Frage darstellt, ist die Kritik an dieser Antwort ... reine Spiegelfechterei.... Auch hier muß die Frage erst gewonnen werden, auf die es antwortet, wenn man es-als-Antwort-verstehen will." (WM 376)

Gadamer reaktiviert hier den hermeneutischen Zirkel. Verstehen kann für ihn nicht an ein Ende kommen; sein Ziel liegt in der Rekonstruktion dessen, was der Rekonstruktion des Textsinns, der mit Hilfe ersterem gefunden werden soll, vorausgeht. In diesem Verfahren - der Selbsterzeugung der konstituierenden Elemente - klingt wieder das der „Postmoderne" zugeschriebene autopoietische Konzept an.

3.4. Der Interpret - das historisch determinierte Supersubjekt des Verstehens

Gadamer rückt den Interpreten in eine Differenz zum Autor. Der Exeget muß zunächst den historischen Horizont des Ursprungstextes entwerfen. Er soll sich vor vorschneller Angleichung des geschichtlich Anderen an die gegenwärtige Situation hüten (WM 310ff). In dieser Phase verbleibt Gadamer im Modell der historischen Rekonstruktion, die Schleiermacher methodisch vorschlägt. Gadamer merkt jedoch an, daß ein Verharren in dieser Phase unzulänglich sei. Die Lage vom Verfasser und seinem ursprünglichen Publikum ist lediglich okasioneller, nicht aber das Verstehen bestimmender Art. Im streng historischen Verstehen hätte sich

> „der Verstehende gleichsam aus der Situation der Verständigung zurückgezogen. Er selber ist nicht antreffbar. Indem man den Standpunkt des Anderen von von vornherein in das miteinrechnet, was er zu sagen beansprucht, setzt man seinen eigenen Standpunkt in eine sichere Unerreichbarkeit... Der Text, der historisch verstanden wird, wird aus dem Anspruch, Wahres zu sagen, förmlich herausgedrängt." (WM 308)

Voreiliges Verstehen habe man zwar zu vermeiden, aber dennoch ist der eigene Standpunkt, der in das Überlieferungsgeschehen eingerückt ist, für die Interpretation fruchtbar zu machen. Der Interpret soll in einem zweiten Schritt den Horizont der Gegenwart erstellen. Sind diese beiden von einander abgehobenen Horizonte gewonnen, muß das Spannungsverhältnis zwischen ihnen entfaltet werden. Der historische Spalt wird bedeutsam. Er soll nicht wie bei Dilthey oder Schleiermacher überwunden, sondern „ausgefüllt durch die Kontinuität des Herkommens und der Tradition" (WM 302) produktiv werden. Gadamer sieht einen Kampf sich vollziehen; einen Kampf zwischen der sachlichen Wahrheit des Textes und der Vormeinung des Interpreten. Die Konturen dieser Arena sind festgelegt. Der Textsinn kann nicht unendlich flottieren. Beliebigkeit wird verhindert, da das Textganze Sinn ergeben muß (WM 273f). Der Sinn ist von der festen historischen Perspektive des Exegeten determiniert. In diese Perspektive müsse die gesamte Wirkungsgeschichte des Werkes einfließen, also jene differenten Textsinne, die von historisch differenzierten Exegeten produziert wurden.

Letzter - wiederum idealistischer - Schritt ist die Verschmelzung beider Horizonte und die daraus resultierende Wahrheit des Textes. Alle Differenzen werden gelöscht und in „der überlegenen Weltsicht [...], die der Verstehende haben muß" (WM 310), aufgehoben. Nur bis hierher geht die Aufgabe des Interpreten. Er muß die Vor-Urteile herausfinden, sie im Textsinn auflösen und Verständigung erzielen. Danach hat er sich selbst aufzulösen

> „Der Interpret redet dazwischen, wenn die Rede bzw. der Text seine Bestimmung, gehört und verstanden zu werden, nicht zu erfüllen vermag. Der Interpret hat keine andere Funktion als die, in der Erzielung der Verständigung ganz zu verschwinden. Die Rede des Interpreten [...] *dient* einem Text." (TI 45)

Die Unterschiede zu - dem verkürzt gelesenen - Schleiermacher sind beträchtlich. Gadamer gesteht dem Interpreten viel größeren Raum zu. Seine eigene Perspektive wird die ausschlaggebende. Sie konstruiert erst die historische Situation des Produzenten und schreibt sich vor allem unbedingt in den Text ein. Sie konstituiert die Lesart.

Dennoch ist die Freiheit des Interpreten nicht so gewaltig, wie sie erscheinen mag. Die Aktivität des Rezipienten ist beschränkt und gelenkt. Er erstellt nicht eigentlich die Horizonte von Vergangenheit und Gegenwart. Gadamer setzt das Bewußtsein des Interpreten für seine historische Position voraus: „Ein wahrhaft historisches Bewußtsein sieht die eigene Gegenwart immer mit, und zwar so, daß es sich selbst wie das geschichtliche Andere in den richtigen Verhältnissen sieht." (WM 310) Gradmesser von Wahrheit und Recht ist die Überlieferungsgeschichte. Es mutet paradox an, wenn Gadamer einerseits Verstehen immer als „Andersverstehen" sieht, andererseits jedoch an einem objektiven Geschichtsgang (WM 301f) festhält. Er unterschlägt leichter Hand den Konstruktionscharakter überlieferter Gegenstände und Subjekte. Er vernachlässigt Machtkämpfe und übersieht spezifische Zugangsmöglichkeiten und –verweigerungen hinsichtlich Distribution und Speicherung von Texten. Horizonte sind bei ihm homogene Größen. Sie wechseln sich lediglich im Fluß der Zeit ab. Innerhalb einer Epoche sind sie jedoch - trotz wahrscheinlicher kultureller, sozialer und technologischer Differenzen - eindeutig, abgeschlossen und kompakt.[28]

3.4.1. Mißglückter Dialog mit Derrida - Verstehen als anthropologische Konstante

Gadamers Interpret ist - wie wir gezeigt haben - historisch determiniert. Mit dieser Konzeption geht er über Schleiermacher hinaus. Aber auch bei ihm fällt - wie bei Schleiermacher - auf, daß sich grundsätzliche Konzeption und Gebrauch voneinander unterscheiden. Zwar gesteht Gadamer zu, daß Verstehen immer Anders-Verstehen bedeute, (WM 302) d.h. Kontingenz immanentes Signum der Interpretation ist, aber er betont nicht wie Schleiermacher die Grundsätzlichkeit des Mißverstehens, sondern präferiert eine fragwürdige Ethik des Verstehens: „Wer den Mund auftut, möchte verstanden werden." (UD 59) Diesen Wunsch schreibt er jedem Autoren zu, Nietzsche und Derrida eingeschlossen (UD 61). Und hat damit vielleicht nicht vollends Unrecht. Er übersieht jedoch, daß sich inzwischen auch unter Autor(ität)en herumgesprochen hat, daß ihre Aussagen als kommunikative und kognitive Bausteine angesehen werden (können),

---

[28] Wolfhart Pannenberg umriß vorzüglich das Dilemma von Kontingenz und Metaphysik, in dem sich Gadamer befindet: "Es ist ein eigentümliches Schauspiel zu erleben, wie ein scharfsinniger und tiefblickender Autor alle Hände voll damit zu tun hat, seine Gedanken davon abzuhalten, daß sie die in ihnen angelegte Richtung nehmen. Dieses Schauspiel bietet Gadamers Buch in seinem Bemühen, die Hegelsche Totalvermittlung der gegenwärtigen Wahrheit durch die Geschichte zu vermeiden. Dieses Bemühen ist, wie gesagt, sehr wohl begründet durch den Hinweis auf die Endlichkeit der menschlichen Erfahrung, die nie in ein absolutes Wissen aufzuheben ist. Aber seltsamerweise drängen die von Gadamer beschriebenen Phänomene immer wieder in die Richtung einer universalen Geschichtskonzeption, der er - das Hegelsche System vor Augen - gerade ausweichen möchte." (Pannenberg 1981, 115f).

bestenfalls als Kristallisationspunkte entstehender Diskurse wirken und meistens von den sie zitierenden Sprechern instrumentalisiert werden. [29] Immerhin unterstreicht Gadamer, daß das Einverständnis zweier Gesprächspartner - und auch das eigene im inneren Dialog - nie total werde, nicht zum Ende komme. Der Prozeß bleibt unabgeschlossen. „Man gibt sich auf, um sich zu finden. Ich glaube mich gar nicht so fern von Derrida, wenn ich unterstreiche, daß man nicht vorher weiß, als was man sich findet." (UD 61) Dennoch gelingt das Verstehen zwischen Gadamer und Derrida nicht, wie Gadamer enttäuscht eingesteht.[30]

Ein weiterer Aspekt kratzt an der Plausibilität von Gadamers dialogischem Prinzip für das Gelingen des Verstehens. Der Hermeneut unternimmt einen Medienwechsel von skriptural zu oral und wieder zurück. Der nicht anwesende Autor eines Textes kann nicht wie ein präsenter Dialogpartner eingreifen und versuchen, offensichtliche Mißverständnisse sofort aufzulösen. Er wird von seinem Gegenüber rekonstruiert - besser rekonstruiert meinethalben. Diese Machtverteilung ist nicht der eines - idealen, ausbalancierten - Dialogs homolog. Das orale Prinzip des Verstehens ist nicht kompatibel mit dem skripturalen - und demnach nicht geeignet für die Textinterpretation.

Gadamer schreibt dem Interpreten eine bestimmte Aufgabe zu: Er soll verstehen wollen. Dieser Wille ist anthropologisch fixiert, denn die „geschichtliche Selbstdurchdringung des Geistes bewältigt hermeneutische Aufgaben." (WM 157) Aus diesem Grunde muß Gadamer die psychoanalytische Hermeneutik aus seinem Design einer allgemeinen herausnehmen. Er lehnt erstere ab, weil sie „in eine ganz andere Richtung geht, nicht das verstehen will, was einer sagen will, sondern das, was er nicht sagen will oder sich nicht eingestehen will." (UD 59f) Sie ist nicht positiv. Sie markiert einen Bruch. Im Konstatieren der *rupture* glaubt er sich einig mit Derrida. Anders als jener beschreibt er diesen Bruch jedoch als aktive Handlung und bewußte Entscheidung einiger Hermeneuten - und nicht als

---

[29] S. u. a. Eco (1994, 154); Rorty (1994, 116f).
[30] UD 59. Derrida hält es - in der Übersetzung von Friedrich A. Kittler - von vornherein für ausgeschlossen. (Derrida 1984a, 58). Er weicht Gadamer aus und de(kon?)-struiert dessen dialogisches Prinzip.

ein der Schrift immanentes Phänomen (UD 60). Gadamer vermeint, sich mit seinem Verständnis von Interpretation diesem Bruch entziehen zu können.

3.5. Fazit

Gadamer entmachtet gegenüber Schleiermacher den Autor. Gegenstand der Interpretation ist nicht mehr die Rekonstruktion der Autorintention. Text und Textsinn sind die zentralen Momente. Verstehen ist für Gadamer wie für Schleiermacher ein nicht zu Ende zu bringender Prozeß. In Gadamers Konzeption bestimmt die historisch determinierte Perspektive des Interpreten diesen Prozeß. In dieser Hinsicht ist der Gadamersche Interpret gegenüber dem Schleiermacherschen ein befreiter. Er ist nicht mehr an eine Methode gefesselt. Aber er ist an den Lauf der Zeit gebunden, fest an den Geschichtsgang gekoppelt. Allerdings ist der Exeget nicht mehr dem Leser gegenüber privilegiert. Bei Schleiermacher war der die Methode exekutierende Interpret der Garant für das Verstehen des Lesers. Er stand zwischen (Autor/)Text und Leser, war jedoch über beide erhoben. Bei Gadamer befindet sich der Interpret als *inter-pres* ebenfalls zwischen Text und Leser. Er ist aus dem Verständigungsgeschehen nicht wegzudenken. Aber er hat nach getaner Arbeit das Feld zu räumen. Als Diener des Textes wird er nach der Herstellung des Textsinns überflüssig. Der neue Text - das Kommunikat - triumphiert über die gesamte Kette seiner Erzeuger, den Autoren und die verschiedenen Ausleger und liegt der einzig übriggebliebenen Instanz: dem Leser vor. Der Text ist definitiv unabgeschlossen, keinesfalls als ideale Wahrheit verstehbar. Das Fortschreiten des Geschichtsganges produziert kontingente Lesarten. Die Wirkungsgeschichte eines Werkes und die Verschiebung historischer Horizonte werden zum integralen Bestandteil des Verstehens. Interpretation ist zeit- und epochenabhängig. „Eine jede Zeit wird einen überlieferten Text auf ihre Weise verstehen müssen." (WM 301) „Objektiver Geschichtsgang" unterstellt aber auch, daß die Perspektive der Interpreten nur historisch bestimmt ist, Zeitgenossen also zwangsläufig über denselben Blick verfügen (müssen). Das ahistorische universelle Menschenbild der romantischen Hermeneutik wird hier zum historisch homogenen. Die Lesarten sind keinesfalls individuell differenziert. Der Leser bleibt an seine historische Position gebunden. Mit seinen Zeitgenossen bildet er ein geschichtliches Supersubjekt, das den Textsinn herausschält.

Gadamers wirkungsgeschichtliche Hermeneutik weist Einschränkungen auf: Historisches Verstehen schließt aktuelles Verstehen aus. Das Klassische wird zur Kontrollinstanz, in seiner „unmittelbaren Sagkraft" (WM 274) zum Paradigma des Verstehens. Gegenstand der Hermeneutik sei, was „...tot genug ist, um nur noch historisch zu interessieren."[31] Verstehen ist nicht problematisch, sondern als anthropologische Konstante quasi vorgegeben. Als Widersprüche sind festzuhalten, daß das Werk trotz des Wandels seines Verstehens stets zugänglich und unverändert bleibt (WM 379). Gadamer postuliert zwar die Zwangsläufigkeit des Anders-Verstehens, lehnt anderseits das „Anders-Verstehen" der psychoanalytischen Hermeneutik als irreparablen Bruch ab - den er wiederum der Wahl bestimmter Hermeneuten zuschreibt und nicht für das Verstehen überhaupt als konstitutiv ansieht; und schließlich verläßt er den Bereich des Text-Verstehens, indem er als dessen herausragende Methode das Frage-Antwort-Verfahren aus dem Bereich der Mündlichkeit importiert.

---

[31] WM 303. Rainer Warning macht allerdings darauf aufmerksam, daß Wirkungsgeschichte sich "nicht etwa auf Wissenschaftsgeschichte, sondern auf Seinsgeschichte" beziehe. Sie sei als "Selbstaufklärung des Interpreten über die Geschichtlichkeit seines Verstehens" gemeint und wäre demnach immanentes Element zur Positionierung des Interpreten (Warning 1975a, 20). Dieses rezeptionsästhetische Moment vermochte ich jedoch nicht bei Gadamer zu entdecken und vermute daher, daß Warnings eigene Perspektive, nämlich die Herausstellung der sich im Adressaten vollziehende Prozesse, seine Lesart der Gadamerschen Wirkungsgeschichte formte.

4. Wolfgang Iser: Der einzelne Leser als Textproduzent

> „'YOU GUYS, YOU'RE LIKE PURITANS ARE ABOUT THE BIBLE. SO HUNG UP WITH WORDS, WORDS. YOU KNOW WHERE THAT PLAY EXISTS, NOT IN THAT FILE CABINET, NOT IN ANY PAPERBACK YOU'RE LOOKING FOR, BUT' - A HAND EMERGED FROM THE VEIL OF SHOWER-STREAM TO INDICATE HIS SUSPENDED HEAD - 'IN HERE.'"
>
> Thomas Pynchon (LOT 53)

Im Verhältnis zu Schleiermacher erweiterte Gadamer den Text. Er dynamisierte ihn, sprach ihm historisch determinierte Kontingenz zu. In einen Text schreibt sich seine gesamte Rezeptionsgeschichte und selbst noch der Rezipient ein. Es handelt sich also um eine Anreicherung des Ursprungstextes durch nachgeordnete rezipientenspezifische, d.h. zeitspezifische, Elemente. Sie sind gewissermaßen notwendige Verunreinigungen, die das Verstehen schärfen, aber weder hinreichende noch notwendige Bedingungen für die Konstitution eines Textes.

Wolfgang Iser greift den dynamisierten Textbegriff auf und transformiert ihn. Er führt eine Unterscheidung von Werk und Text ein. Text. Der Text ist als die fixierte Grundlage für einen Vorgang gedacht, der zum Werk führt. Das Werk entsteht erst im Leser; der Leser ist seine notwendige Bedingung.

> „Der Text gelangt folglich erst durch die Konstitutionsleistung eines ihn rezipierenden Bewußtseins zu seiner Gegebenheit, so daß sich das Werk zu seinem eigentlichen Charakter als Prozeß nur im Lesevorgang zu entfalten vermag. [...] Das Werk ist das Konstituiertsein des Textes im Bewußtsein des Lesers." (LV 253)

Anders als bei Gadamer noch ist das dynamische Element das bestimmende. Erst durch den Lesevorgang konfiguriert sich überhaupt ein Werk. Es wird individualisiert. Subjekt des Verstehens und Raum des Textes konvergieren im einzelnen Leser. Iser homogenisiert nicht (wie noch Gadamer) zeitgenössische Rezipienten zu einem gleichartigen, über die selbe Perspektive verfügenden Konstrukt. Jeder Leser reagiert anders auf einen Text. Seine Vorstellungen, Erinnerungen, Erfahrungen und Antizipationen verweben sich mit dem gelesenen Text, konkretisieren ihn und lassen ihn Teil der je individuellen Welt werden. „Wir reagieren im Lesen auf das, was wir selbst hervorgebracht haben, und erst dieser Reaktionsmodus macht es plausibel, weshalb wir den Text wie ein reales Geschehen zu erfahren vermögen." (LV 253)

4.1. Auswirkungen auf die Welt und die Literaturwissenschaft

Isers Begriff von Welt ist grundsätzlich verschieden von dem Gadamers. Wie sich zeigen wird, muß deshalb der Prozeß des Verstehens anders beschaffen sein. Gadamer sah den Menschen in ein objektives Geschehen eingebettet. Das Subjekt war Spielball der und Produkt des zum Gottgleichen erhobenen geschichtlichen Ablaufes. Sein Handeln und Eingreifen ist historisch determiniert. Es ist lediglich imstande, eine recht homogene Welt - annäherungsweise - zu begreifen. Die Welt ist ontologisch, fest und geschlossen. Sie ändert sich nur in epochalen Schritten, die - zunächst von spezialisierten Individuen - erst im Nachhinein benannt werden können. Gleichfalls unterschätzte Gadamer die performative Wirkung des Subjekts auf etwas, das wir mit Wirklichkeit fassen können. Gadamer denkt in den Koordinaten der klassischen Welt. Iser verläßt die Vormoderne:

> „Die Moderne manifestiert sich weitgehend als ein Dementi dessen, was der klassischen Kunst wesentlich war: die Harmonie, die Versöhnung, die Aufhebung der Gegensätze, die Kontemplation der Vollkommenheit. [...] Deshalb muß die Frage verändert werden, die nun in erster Linie nicht mehr der Bedeutung, sondern der Wirkung der Texte gilt." (AL III)

Iser löst sich vom ontologischen Modell von Welt. Welt wird erst durch Mit-Teilung überhaupt erfahrbar. Iser betont, daß Welt und Wirklichkeit erst organisiert werden müssen. Diese Funktion übernimmt Fiktion, d.h. gerade auch die fiktionalen Texte der Literatur. „Als Kommunikationsstruktur schließt die Fiktion Wirklichkeit mit einem Subjekt zusammen, das durch die Fiktion mit einer Realität vermittelt wird."[32] Welt und Wirklichkeit sind nicht mehr vom objektiven Geschichtsgang abhängig,

---

[32] Iser (175c, 278).

sie werden auch nicht als Monade von einem solipsistischen Individuum erzeugt; sie unterliegen jedoch einem Konstruktionsprozeß, der von der Wirkung von Texten auf das kognitive Gerüst eines Subjekts bestimmt wird. Welt wird demnach individualisiert und laufender Veränderung unterzogen.

Iser sieht im Text einen Anstoß auf das kognitive System, das einen Leser ausmacht. Vorhandenes wird durch diesen Anstoß neu geordnet, neue Erkenntnisse entstehen aus der Kombination von Text und bisherigen Erfahrungen. Der Leser, der das Werk erzeugt als auch das Verhältnis Text-Werk selbst, lassen sich als autopoietische Systeme beschreiben. Beide gehen eine Symbiose ein, sind schwer voneinander zu trennen.

Wolfgang Isers Rezeptionsästhetik ist exemplarisch für eine Wendung innerhalb der Hermeneutik. Das neue Untersuchungsgebiet umfaßt nicht mehr das Verstehen in allgemeiner Form, sondern einen spezifischen Rezeptionsvorgang. Alles Interesse gilt dem Adressaten (Vgl. Warning 1975a, 9). Die „Konstanzer Schule" um Hans Robert Jauss und Wolfgang Iser steht am Anfang einer Entwicklung, die sich - meist soziologisch angereichert - als Rezeptionsforschung, Forschung zur literarischen Sozialisation und Empirische Literaturwissenschaft ausdifferenzierte und bis ins Feld der Didaktik (Lese-, Verstehens- und Lernmodelle) hineinspielt.[33] Parallel zu Isers Wendung hin zum einzelnen Leser erhebt sich - zu diesem Zeitpunkt noch sehr zaghaft - eine feministische Hermeneutik, die zunächst eine weibliche Perspektive einzunehmen vermag, später verdrängtes Frausein in den Texten aufspürt und daraufhin normativ Kriterien weiblichen Schreibens proklamieren kann.

4.2. Was ist ein Text?

Texte sind für Iser streng an das Medium der Schrift gebunden. Autoren gelten als Hervorbringer von Texten; Texte sind in ihrer Zeichenhaftigkeit fixiert, aufbewahrbar, vervielfältigungs- und distributionsfähig. Sie haben Anfang und Ende. Iser unterscheidet zwei Gruppen von Texten, beschreibende und konstituierende. Die erste Gruppe befindet sich in einem Re-

---

[33] Vgl. u.a. Groeben (1980), Dehn (1974), Grimm, (1975), Link(1976); neuerdings Eggert (1995) sowie in der DDR-Literaturwissenschaft Naumann (1973).

präsentationsverhältnis zu einer als gegeben und wahrnehmbar angenommenen Welt. Iser rekurriert hier auf Austins Formulierung „language of statement", der die von der „language of performance" gegenübergestellt wird.[34] Zu letzteren gehören literarische Texte. Sie bringen ihren Gegenstand erst hervor. Allerdings nicht in dem Sinne, wie juristische Texte ihre Gegenstände erzeugen und normativ in der Wirklichkeit verankern. Die Gegenstände literarischer Texte sind nicht wirklich, sondern fiktionalen Charakters. Sie sind nicht umfassend determiniert. Sie weisen, wie Iser im Anschluß an die phänomenologische Kunsttheorie - insbesondere an Roman Ingarden - aufzeigt, Leerstellen auf.[35] Iser bemerkt, daß diese Leer- oder Unbestimmtheitsstellen in literarischen Texten seit dem 18. Jahrhundert anwachsen.[36] Unbestimmtheitsstellen sind kein Mangel oder Kompositionsfehler. Sie sind ein intendiertes Strukturmerkmal von Texten.

> „Solche Leerstellen eröffnen dann einen Auslegungsspielraum für die Art, in der man die in den Ansichten vorgestellten Aspekte aufeinander beziehen kann. Sie sind durch den Text selbst überhaupt nicht zu beseitigen. Im Gegenteil, je mehr ein Text seinen Darstellungsraster verfeinert, [...] desto mehr nehmen die Leerstellen zu."[37]

---

[34] Austin (1962, 1ff) zit. nach AS 231.

[35] AS 232. Nach Ingarden ist das literarische Kunstwerk ein zeitlich geordnetes Gebilde, das aus vier verschiedenen miteinander verbundenen Schichten aufgebaut ist. Deren letzte - die der dargestellten Gegenständlichkeiten - weist besonders zahlreiche Unbestimmtheitsstellen auf. Ingarden (1975, 42). Vgl. auch Ingarden (1965) und (1968).

[36] AS 230, 241. Iser untersucht hier die Reihe Henry Fielding, Joseph Andrews (1741/42); William M. Thackeray, Vanity Fair (1848); James Joyce, Ulysses (1922). Die strukturale Unbestimmtheit in Joseph Andrews besteht in der Dissonanz zwischen dem tugendhaften Helden und der unmoralischen Welt, in der er lebt. "Aus dem Blickpunkt des Helden erscheint die Welt als schlecht, aus dem der Welt wirkt der Held eigensinnig und borniert." Der Leser muß sich für eine der beiden Perspektiven entscheiden. In "Vanity Fair" sieht sich der Leser mit den Perspektiven der zwei Heldinnen und der eines dominanten Erzählers konfrontiert. Er vermag sich nicht auf einen idealen kritischen Ort zurückzuziehen und muß sich die Lektüre vollziehend stark in den Text einbringen. "Ulysses" mit seiner "außer Kontrolle" geratenen Unbestimmtheit hinterfragt die Dispositionen des Lesers, mobilisiert und überschreitet seine Vorstellungswelt. Joyce entwickelt keine Illusion der Wirklichkeit; eher wird die dem Alltag zugeschriebene Bedeutung zur Illusion. Der Leser muß sich auf die Suche nach *seinem* Sinn begeben. (AS 242ff)

[37] AS 235. Iser verweist insbesondere auf James Joyce "Ulysses" und "Finnegans Wake", "...wo sich durch eine Überpräzisierung des Darstellungsrasters die Unbestimmtheit proportional erhöht.".

Das konstitutive Merkmal der Unbestimmtheitsstellen impliziert eine bedeutsame Veränderung: Texte sind strukturell nicht mehr in der Lage, Wahrheiten zu generieren. Wegen ihres fiktionalen, d.h. nicht-repräsentativen, nicht-verweisenden Charakters vermögen sie nicht einmal Bedeutungen hinsichtlich einer wirklichen Welt zu erzeugen (AS 248). Diese ihre Konsequenzlosigkeit eröffnet jedoch einen neuen Raum: Sie ermöglicht es,

> „jene Weisen der Selbsterfahrung zu gegenwärtigen, die von den Handlungszwängen des Alltags immer wieder verstellt werden. Sie geben uns jene Freiheitsgrade des Verstehens zurück, die durch das Handeln immer wieder verbraucht, vertan, ja oftmals auch verschenkt werden. Zugleich halten fiktionale Texte Fragen und Probleme parat, die sich ihrerseits aus aus dem Zwang des täglichen Handelns ergeben. So machen wir mit jedem Text nicht nur Erfahrungen über ihn, sondern auch über uns. Damit solche Erfahrungen wirksam werden können, darf sie der Text selbst nicht benennen." (AS 249)

Das ist eher die Aufgabe, ja die zwingende Pflicht, des Lesers. Es ist ihm in Hand, Hirn und Auge gelegt, diese Leerstellen aufzufüllen, den Text zu konkretisieren. Er versucht, den Text in Deckung mit seiner Erfahrungswelt zu bringen. Zwei extreme Möglichkeiten begrenzen die Skala der Reaktion: „Entweder erscheint die Welt des Textes als phantastisch, weil sie allen unseren Gewohnheit widerspricht, oder aber als banal, weil sie so vollkommen mit diesen zusammenfällt." (AS 232f) In letzterem Falle erlischt die literarische Qualität; die Konkretisation übt allenfalls therapeutische Funktion aus: die Erhebung des Lesers durch Selbstbestätigung. Solch komplette Re-Identifizierung zwischen Leser und Text ist einen Grenzfall; er fällt aus dem Bereich literarischer Rezeption heraus.

4.3. Der implizite Leser

Spricht Iser vom Leser, so meint er einen ganz bestimmten: den „impliziten Leser". Er ist kein realer, kein statistisch auswertbarer oder empirisch analysierbarer Leser, wie er in der soziologisch angelegten Rezeptionsforschung modelliert wird. Der implizite Leser ist der eigentliche Referenzpunkt jeglicher Rezeption und sowohl an seine eigenen Wahrnehmungsmuster als auch an die Struktur des Textes gebunden. Beschrieb Iser einerseits die Existenz des Lesers als notwendige Bedingung zur Konstituierung eines Textes als Werk und unterstrich die je eigenen Wahrnehmungsmuster des einzelnen Lesers, so verortet er ihn anderseits zweifach im Text. Der implizite Leser „ist in der Struktur der Texte selbst fundiert." (AL 60) Er ist als Empfänger vorgedacht und befindet sich am Schnittpunkt aller Textperspektiven. Die Sichtweise einzelner Charaktere, die Weltperspektive des Autors und die Leserfiktion des Textes offerieren ihm Rollenangebote (AL 61). Außerdem ist der Leser gezwungen, an den Umschaltpunkten, die die Unbestimmtheitsstellen generieren, aktiv zu werden und sich durch deren Auffüllung in den Text einzubringen (AS 248).

4.4. Der Lesevorgang - Mitvollzug und Zeichenverschiebung

Der Leser liest nicht nur, er ist ins Lesen verstrickt (LV 271). Er geht mit bestimmten Erwartungen, die er aus seinem Erfahrungshorizont schöpft, an die Lektüre. Nach dem Maß der Diskrepanz zwischen der Erwartung und den ersten Sätzen werden sie bestätigt oder modifiziert. Iser sieht eine anthropologische Konstante wirken, die den Leser zur kontinuierlichen Konsistenzbildung nötigt. Der Leser muß Entscheidungen treffen, wie er den Text konkretisiert, die Distanz zum Text verringert, Fremdes erfaßbar macht und Situationen erschließt. Parallel dazu wird es ihm geschehen, daß einmal gelesene Sätze im Nachhinein den Sinn vorausgegangener Sätze verändern. Das Erinnerte verschiebt sich. Iser sieht den Leseprozeß als ständigen Auswahlvorgang, der der Dialektik von Erwartung und Erinnerung, von Vorblick und Rückkopplung unterliegt.

> „Jeder Augenblick der Lektüre ist eine Dialektik von Protention und Retention, indem sich ein noch leerer, aber zu füllender Zukunftshorizont einem kontinuierlich ausbleichenden Vergangenheitshorizont so vermittelt, daß die beiden Innenhorizonte des Textes miteinander verschmelzen können. In dieser Dialektik aktualisiert sich das unformulierte Potential des Textes." (LV 258f)

Augenfällig ist dieser Prozeß beim Phänomen der Zweitlektüre - einem Phänomen, dem wohl die meisten lesend schreibenden Interpreten unterworfen sind und das sie vom gewöhnlichen empirischen Leser unterscheidet. Die erste Konkretisation dient als Projektionsfläche. Aus ihr heraus werden Erwartungen formuliert; sie strukturiert den Textsinn vor und liefert eine - im Text nicht vorgesehene - Orientierung für die Zweitlektüre. Das vorher erzeugte Wissen überschattet die wiederholte Lektüre. „Daraus entspringt die die aufschlußreiche Tatsache, daß das Lesen im Wiederlesen des gleichen Textes selbst Innovationen zu erzeugen vermag."[38] Das heißt, daß trotz des Dranges der Leser nach Konsistenzbildung die Konkretisationen - trotz ihres finalen Charakters - das Sinnpotential des Textes niemals gänzlich ausschöpfen können. Konkretisationen sind individuell; sie müssen kontingent bleiben.

Vorblick und Rückkoppelung sind keine manifesten Textmerkmale. Sie sind Kennzeichen des Lektürevorgangs, seine wechselseitigen Projektionsflächen. Iser sieht ihre dialektische Verknüpfung als Anstoß für eine Vorstellungsarbeit. Vorstellung trennt er scharf von Wahrnehmung, „da für die Wahrnehmung immer ein Objekt vorgegeben sein muß, während die konstitutive Bedingung für die Vorstellung gerade darin besteht, daß sie sich auf ein Nicht-Gegebenes oder Abwesendes bezieht."[39] Am Beispiel der Verfilmung von Fieldings „Tom Jones" versucht er zu verdeutlichen, daß die während der Lektüre erzeugten Bilder vielschichtig seien - und die Filmbilder nicht. Bei der Filmrezeption werde die Kompositionsaktivität der Lektüre aufgehoben. Filmrezeption sei Wahrnehmung, da die Kamera ein Objekt repräsentiere. Außerdem sei der Rezipient von der dargestellten Filmwirklichkeit ausgeschlossen (LV 263). Nun widerspricht diese Aussage deutlich allen Erfahrungen der Filmrezeption. Denn wie oft geschieht es, daß wir geradezu in die fiktionale Welt des Films hineingesaugt werden, Erwartungen bestätigt oder enttäuscht, Rückkopplungen vorgenommen werden. Die Präsenz der Filmschauspieler ist eine verschobene. Der Filmtheoretiker James Monaco bemerkt, daß Bilder-Sehen ein Lernprozeß ist, der u.a. physiologische, ethnographische und psychologische Elemente aufweist. „Der Betrachter konsumiert nicht nur, sondern er nimmt aktiv - oder potentiell aktiv - am Prozeß teil." (Monaco 1995a, 158) Iser scheint hier dem vom Filmsemiotiker Christian Metz so

---

[38] LV 260. Iser weist darauf hin, daß die erinnerte Lektüre zwar vorhanden und wirkungsmächtig ist, aber eben nicht in ihrer ursprünglichen Gestalt.

[39] LV 261. Iser rekurriert in diesem Fall auf Sartre. Vgl. Sartre (1971, 23).

ausgedrückten Problem aufgesessen zu sein: „Ein Film ist schwer zu erklären, weil er leicht zu verstehen ist." (Monaco 1995a, 160) Film ist so wenig - und soviel - unmittelbar eingängige mimetische Kunst, wie die Literatur (trotz des platonischen Verdikts). Aber nicht nur die Rezeption von Filmen - als Film*kunst* - ist ein Lernprozeß. Der Kunsthistoriker Jonathan Crary weist in seiner Historiografie des Sehens nach, daß ein Beobachter oder Betrachter jemand ist, „der in ein System von Konventionen und Beschränkungen eingebettet ist und innerhalb dieses Rahmens von vorgeschriebenen Möglichkeiten sieht." (Crary 1996, 17) U. a. Goethe führte mit dem Problem des Nachbildes die Zeitlichkeit in das Sehen ein. Der zeitgenössische Physiker André-Marie Ampère beschreibt mit dem Ausdruck „concrétion", wie sich jede Wahrnehmung stets mit einer vorausgegangenen oder erinnerten Wahrnehmung vermischt (Crary 1996, 104f). Die Binokularität, die uns das räumliche Sehen ermöglicht und in den Stereoskopen des 19. Jahrhunderts artifiziell genutzt wurde, ist ein Konstruktionsprinzip, dem wir unterliegen und das jeden Gedanken an die „Abbildung" einer Welt ad absurdum führt (Crary 1996, 122). Die an anderer Stelle erwähnten Systembiologen Maturana und Varela schließlich begründen in einem lang anhaltenden Plädoyer, das - von der Funktionsweise des Auges ausgehend - Kognition allgemein erklärt, „daß man das Phänomen des Erkennens nicht so auffassen kann, als gäbe es 'Tatsachen' und Objekte *da draußen*, die man nur aufzugreifen und in den Kopf hineinzutun habe... Die Erfahrung von jedem Ding 'da draußen' wird auf eine spezifische Weise durch die menschliche Struktur konfiguriert, welche 'das Ding', das in der Beschreibung entsteht, erst möglich macht." (Maturana 1987, 31; Hervorhebungen im Original, TM)

Isers Trennung von Wahrnehmen und Vorstellen läßt sich nicht aufrechterhalten. Wahrnehmen ist eher als Vorstellen zu begreifen. Die Prozesse, die zur Konstruktion einer fiktionalen Welt notwendig sind, sind strukturgleich mit denen zur Erzeugung der Realität. Dennoch sollten wir Fiktion und Wirklichkeit nicht völlig gleichsetzen. Imaginäre - oder auch virtuelle - Räume lassen sich vergleichsweise konsequenzlos betreten, „beschreiten" und verlassen. Der reale Körper wird im fiktionalen Raum weder geboren noch getötet noch verletzt (obgleich er nicht unbeeinflußt bleibt) (Vgl. Shusterman 1998, 113ff).

Der kurze wahrnehmungsphysiologische Exkurs sollte lediglich signalisieren, daß Iser in seinem eigenen Forschungsbereich durchaus auf der Höhe der Zeit, während er in Randbereichen - wie hier der Wirkung filmischer Werke - in konventionellen Denkschemata verharrt. Sein Begriff von Vorstellung als kontextbedingtem Prozeß von Protention und Rückkopplung spiegelt ein herrschendes Paradigma wieder. Subjektgebundene, strukturgekoppelte, rekursive, nichtlineare Vorgänge des Erzeugens können als allgemeines wissenschaftliches Modell über die Grenzen der Disziplinen hinaus bezeichnet werden. Wolfgang Iser hat demnach die Hermeneutik an einen wirkungsmächtigen Diskurs angeschlossen.

Ein letzter Aspekt des Iserschen Lesevorganges verdient Beachtung. Obgleich er dem Drang des Lesers nach Konsistenzbildung große Bedeutung einräumt, macht er jedoch deutlich, daß der mit dem eigenen Erfahrungshorizont zur Deckung gebrachte Text keinesfalls eine Identifizierung des Lesers mit dem Gelesenen ist. Selbst im Zuge der Aneignung bleibt der fremde Text fremd. Lektüre ist nicht als Verschmelzung mißzuverstehen. Die Struktur ist kontrapunktisch. Der Leser erhebt etwas zum Thema seiner Beschäftigung, was er selbst nicht ist, was bisher nicht in seinem Horizont lag. Text, Leser und Konkretisation unterliegen einer nichtidentischen Beziehung. Dennoch bleibt der Rezeptionsakt nicht ohne Auswirkungen auf die Konfiguration des Rezipienten (LV 271ff) Literatur bietet, so Iser, „die Chance, durch Formulierung von Unformuliertem [also durch die Erzeugung eines Werkes aus einem Text durch den Leser, Anm. TM] uns selbst zu formulieren." (LV 275) Diese dialektische Struktur gilt es im Folgenden im Auge zu behalten.

4.5. Fazit

Wolfgang Iser verlagert den Rezeptionsvorgang weiter zum Leser hin. Das Werk ist nicht mehr unabhängig und unveränderlich gegeben, sondern „...das Konstituiertsein des Textes im Bewußtsein des Lesers."[40] Konkurrierende Interpretationen verschiedener Leser beruhen nicht mehr nur auf ihren unterschiedlichen historischen Positionen, sondern sind von ihren individuellen kognitiven Fähigkeiten bestimmt (AL IIf). Iser diffe-

---

[40] LV 253. Ähnliche Positionen vertreten u.a. Rosenthal (1970), Eco (1973).

renziert sogar nach Erst- und Zweitlektüre eines Textes durch denselben Leser (LV 241f). Nach der Autonomisierung der Geisteswissenschaften gegenüber den Naturwissenschaften durch Dilthey und Droysen und der Historisierung des Interpreten durch Gadamer autonomisiert nun Iser den Leser gegenüber dem Werk und führt den hermeneutischen Wahrheitsanspruch ad absurdum. An dessen Stelle setzt er (in Anknüpfung an Roman Ingarden) eine texttheoretische Wirkungsästhetik und (als Weiterführung von Gadamers Wirkungsgeschichte) eine historisch-soziologische Rezeptionsästhetik. Allerdings ist die Autonomie des Lesers eingeschränkt. Iser unterscheidet beim Lesevorgang einen künstlerischen und einen ästhetischen Pol. Ersterer ist der vom Autor geschaffene Text, letzterer die vom Leser geleistete Konkretisation (AL 38). Der Leser ist sowohl an die eigenen kulturellen und kognitiven Muster als auch an die Struktur des Textes gebunden. Als „implizierter Leser" ist er - obwohl real nicht existent - in der Struktur der Texte selbst fundiert" und ihr - bei entsprechender Kompetenz - unterworfen (AL 60). Isers Modell von Leser ist janusköpfig; in ihm konvergieren der vom Text aufgerufene implizite Leser und der einem je individuellen Erfahrungshorizont ausgesetzte empirische Leser.

Der Prozeß des Lesens kann überhaupt nur von diesem zweifach bestimmten - und daher keinesfalls autonomen - Leser eingeleitet werden; Der Lesevorgang existiert nur durch ihn und die Dialektik seiner sowohl alltagsweltlich geprägten als auch imaginierten Erwartungen und Erinnerungen (AL 219). Im Gegensatz zu neueren Forschungen kann Iser jedoch noch eindeutig zwischen Wahrnehmung und Vorstellung unterscheiden. Die Differenz liegt in Isers Repräsentationsmodell der Realität. Für die Wahrnehmung „muß immer ein Objekt vorgegeben sein..., während die konstitutive Vorstellung gerade darin besteht, daß sie sich auf Nicht-Gegebenes oder Abwesendes bezieht, daß durch sie zur Erscheinung gelangt." (AL 221) Vielversprechend ist hingegen folgende Differenzierungsleistung. In Abgrenzung zur idealen Hermeneutik, die nach Bedeutung fragte und Sinn meinte, unterteilt Iser in Anlehnung an Paul Ricœur Verstehen in zwei Stufen: Sinn und Bedeutung. Sinn meint hier die „in der Aspekthaftigkeit des Textes implizierte Verweisungsganzheit, die im Lesen konstituiert werden muß." (AL 244f). D.h. Sinnhaftigkeit und Kohärenz des Textes. Bedeutung erhält ein Text durch die Übersetzung seines Sinns in ein anderes Bezugssystem, d.h. in Relation zu anderen Texten oder der Lebenswirklichkeit des Lesers. Sinn ist demnach intratextuell, während Bedeutung intertextuelles Navigieren und Kommunizieren zumindest gestattet. Aus heutiger Sicht wäre lediglich einzuwerfen, daß auch der Sinn eines Textes an den Bedeutungshorizont des Lesers gebunden ist und durch ihn (den Leser) produziert wird. Trotzdem macht es Sinn, Sinn und Bedeutung zu trennen, da ersterer auf das einzelne Textuniversum zielt. Bedeutung hingegen ist Schnittstelle oder Interface zwischen einzelnen Elementen und Welten. Und es hat Bedeutung, Sinn und Bedeutung zu trennen. Kennzeichnet Sinn die Texte als different, als inkommensurabel, so zeigt Bedeutung, daß es möglich ist, in einer fragmentierten Welt Vergleiche anzustellen und Relationen aufzubauen.

5. Zwischenstück

An dieser Stelle lohnt es sich, eine Entwicklung aufzugreifen, die die bisher besprochenen Texte durchzieht. Wir können eine von Mal zu Mal schwächer werdene Praxis des Identifizierens beobachten. Schleiermacher verkoppelte den Leser mit dem Schriftsteller. Aufgabe des Hermeneuten war es, den Produktionsprozeß des Autors nachzuvollziehen, in ihn, seine Sprache, seine Zeit und seine Intentionen einzutauchen. Der Leser muß sich selbst - qua grammatischer und psychologischer Methode - zum autorgleichen Wesen aufschwingen, von dessen subjektiven Beschränkungen abheben und sich als idealen Autor konfigurieren. Zweifellos sind bei Schleiermacher schon Differenzierungen eingezogen. Völliges Verschmelzen gelinge nicht, konstatiert er. Dennoch ist das Moment der Leser-Autor-Identifikation und die damit einhergehende Überwindung des Zeitabstands ein starkes, wenn nicht sogar das bestimmende.

Gadamer konstruiert ein anderes Subjekt des Verstehens, mit dem sich der Leser zu identifizieren habe. Die zeitliche Differenz zwischen Autor und Leser gelte es zu bewahren, zu steigern gar, und sie für die Interpretation fruchtbar zu machen. Der Leser dürfe gerade nicht mit dem Schriftsteller verschmelzen. Aber er soll bruchlos in einem von seiner Epoche determiniertem Subjekt aufgehen. Die identifikatorische Praxis bezieht sich auf ein homogenes historisch hypostasiertes Supersubjekt.

Iser wiederum sieht überhaupt von jeglicher identifikatorischer Praxis ab. Der Leser soll weder mit dem Autor noch mit einem geschichtlichen Horizont zusammenfallen. Leser und Text treffen aufeinander, kommunizieren miteinander und konstituieren in dieser Kommunikation erst das Werk. Ermöglicht wird dieser Prozeß durch die opake Struktur des Textes, durch seine Unbestimmtheitsstellen. Für die Konkretisation - das gelingende, aber kontingente Ausfüllen dieser Stellen - ist das Verhältnis von Textwirklichkeit und Erfahrungshorizont des Lesers entscheidend. Beide gelangen nur im Extremfall zur völligen Deckung. Dieser Extremfall markiert die Grenze literarischen Lesens und fällt aus dem Iser interessierenden Bereich heraus, weil sie die Lektüre lediglich banalisiere und nicht zu den Prozessen des Formulierens des Unformulierten und der Reformulierung des Lesers beitrage, die für Iser die Merkmale literarischer

Rezeption ausmachen. Der Lesevorgang indes ist dadurch gekennzeichnet, daß der Leser mit dem Gewebe des Textes verstrickt ist. Verstrikkung beinhaltet Verbundenheit und Fremdheit gleichermaßen; sie indiziert Nicht-Identität und - auf die raumzeitliche Dimension bezogen - Nichtpräsenz.

6. Jacques Derrida: Schreiben und Lesen als nichtpräsentes Handeln

Welche Wendung haben wir von Jacques Derrida zu gewärtigen? Lassen sich Derridas Texte überhaupt auf eine Wendung festlegen? Ist sein Œuvre für solch eine Vereinheitlichung nicht zu vielgestaltig? Nietzsche-, Heidegger- und Rousseau-Lektüren werden durch ethnologische und linguistische Exkurse unterminiert, Autoren wie Celan, Joyce, Benjamin neu gelesen, Ausflüge in die Architektur und die Malerei unternommen, eine Wissenschaft von der Schrift etabliert und gegen den Phonozentrismus verteidigt...[41] Ein Zentrum der Aufmerksamkeit ist nicht auszumachen; ein Leitmotiv des Neostrukturalismus offenbart sich (Derrida 1967, 410, 423). Natürlich beschränkt sich weder Schleiermachers Wirken auf die Schriften zur Hermeneutik, noch das Gadamers auf „Wahrheit und Methode" oder jenes Isers auf „Der Akt des Lesens" - dennoch, den drei vorher besprochenen Theoretikern ist eine Eigenschaft gemeinsam: aus ihrem Werk lassen sich relativ mühelos einzelne Texte isolieren, die für sich betrachtet eine Methode beschreiben. Verheißungsvoll erschien zunächst „De la Grammatologie", handelt es sich doch um einen Text, in dem alles „irgendwie mit Literatur zu tun" (Hauge 1993, 330) zu haben scheint. Irgendwie, aber schwer dingfest zu machen. Wie alle von Derridas Arbeiten entzieht sich auch diese dem - meinem - Versuch, einen Bausatz herauszufiltern. Selbst die Derrida nahestehende Julia Kristeva mußte konstatieren, daß sich zwar einzelne Begriffe des Derridaschen Denken herauslösen und untersuchen lassen. So könne man *supplement* erklären oder *differance*, *ecriture* oder *dissemination*, *trace* oder *brisur*, man müsse jedoch gewärtig sein, daß sich jeder dieser Begriffe in einem neuen Kontext anders darstellt und neu gebraucht wird (Kristeva 1984, 42f). Eine *Methode*[42] läßt sich daher kaum herauskristallisieren.[43] Allen-

---

[41] Vgl. Derrida 1986a, 1987, 1985, 1986, 1978, 1967a.

[42] Heinz Kimmerle verweist ausdrücklich darauf, daß die Dekonstruktion keine Methode sei; nicht einmal eine Dekonstruktion der Dekonstruktion ließe sich derart vollziehen. Dekonstruktion ist im Gegenteil Praxis, Kritik und Transformation von Texten. (Kimmerle 1997, 23).

[43] Kristeva weiter: "A fortiori ist es unmöglich, einen Derrida nach der `ursächlichen Ordnung´ zu schreiben... Unmöglich ist es des weiteren, sich die Frage nach der Ent-

falls läßt sich *nachahmen*, wie Derrida vorgeht. Aber ist das sinnvoll; vor allem, ist es interessant? Aus einer bestimmten Perspektive kann ein Text nur einmal dekonstruiert werden. Eine exakte Wiederholung, also das Vorhaben, Derridas Spuren zu folgen, ist schiere Illusion von Präsenz. Wenn dieser Versuch dennoch möglich wäre, handelte es sich lediglich um Affirmation, um ein Befestigen ausgetretener Pfade, um Sedimentierung und Institutionalisierung. Erfolgversprechend scheint lediglich eine Setzung der eigenen Perspektive und ein daran anschließender dekonstruktivistischer Lektürevorgang.[44] Denn dekonstruktivistische „Praxis wird bei Derrida von einer jeweils einzunehmenden Perspektive aus zum Einsatz gebracht, die nicht als ein durchgehaltener Standpunkt zu beschreiben ist." (Kimmerle 1997, 24) Derridas Lektüre- und Schreibpraxis geht über den offensichtlichen Textkorpus hinaus. Derrida liest und schreibt Randnotizen, er operiert zwischen den Zeilen, arbeitet mit Kursivierungen, markiert Verschiebungen und *contre-épreuves*. Er ist unterwegs in Zwischenstadien, hebt Verborgenes zutage und problematisiert blinde Flecken.

Wir stehen vor folgendem Dilemma: Es gibt weder *den* einen Text Derridas, der für unser Anliegen prädestiniert ist, noch erscheint es möglich, eine Derridasche Methode zu destillieren. Offen gestanden ist es - gerade wegen der Belieb(th/igk)eit Derridas im akademischen Diskurs - auch nicht besonders spannend, Bruchstücke aus mehreren Texten zusammenzutragen und so lange hin und her zu bewegen, bis sie sich in unseren Kontext einfügen. Unsere bis hierher gediehenen Untersuchungen verlangen fol-

---

wicklung von Derridas Denken zu stellen, `frühe´ Texte mit `reifen´ in Beziehung zu setzen. Die allgemeine Pfropfung erzwingt eine ganz andere `Geschichte´, die nicht mehr als lineare dialektische Entfaltung eines ursprünglichen Keims verstanden werden kann. Zwischen den verschiedenen Texten bestehen keine Filiations- oder Derivationsbeziehungen, sondern Beziehungen der Supplementarität. Die Texte sind aufeinander gepfropft, fungieren als ihr Echo, ohne daß ein erster Text ausgemacht werden könnte, ein erster Keim, der potentiell alle übrigen in sich trüge. Spiegelbeziehung, über bodenlosem Abgrund. Eine labyrinthische Geschichte ohne den gewöhnlichen Ariadnefaden tritt an die Stelle einer linearen Geschichte." (Kristeva 1984, 27f).

[44] Verfahren wir ähnlich, dann taucht ein Problem auf: die Grenzziehung, wie lange es sich noch um ein dekonstruktivistisches Verfahren handelt und ab wann Beliebigkeit um sich greift.

gendes: einen (ab)geschlossenen Text, in dem die Konstellation von Autor, Interpret und Leser zutage tritt.

Besondere Hoffnungen setzten wir auf *Mémoires. I und II.* Nicht nur, weil der Umfang der beiden Bücher und die ihnen zugrunde liegenden Texte Paul de Mans den zeitlichen Rahmen einer Magisterarbeit nicht sprengen - im Gegensatz bspw. zur notwendigen, aber ausufernden Lektüre von Rousseau, Nietzsche und Lévi-Strauss, die eine Untersuchung von *De la Grammatologie* erforderte. Allein schon das Leitthema der *Mémoires*, die lesend-sprechend-schreibende Annäherung an, die Würdigung und Verteidigung von einem gelesen-gesprochen-geschrieben habenden Ästheten von Schrift(en) verspricht eine Fundgrube zu werden. *Mémoires* hat vor anderen Texten den Vorzug, sich auf eine personale Konstruktion zu beziehen, die für uns - innerhalb gewisser Grenzen - (re?)konstruierbar ist. Aus einem dreipoligen Differenzgefüge (de Mans Texte - von Derrida gelesen - von uns gelesen) sollten sich uns interessierende Aussagen treffen und begründen lassen. Da Derrida nicht explizit eine Methode der Lektüre entwickelt - womit er sich wie gesagt von den bisher untersuchten Autoren fundamental unterscheidet - sind wir noch mehr darauf angewiesen, in das Gewebe des Textes hineinzugehen, strategische Punkte zu extrahieren und Absichten zu erkennen. Wir ziehen uns also auf einen Beobachterstatus zurück und verfolgen, wie Derrida seine „Methode" exekutiert. En passant berühren wir bei der Lektüre einzelne Elemente der Dekonstruktion à la Derrida, diskutieren sie und setzen sie in Beziehung zu einander.

6.1. Vom Text zur *écriture* (und wieder zurück)

Mémoires sind grammatisch, sind vor allen Dingen Schrift. Obwohl die drei ersten Partien *Mnemosyne, L'art des mémoires* und *Actes* als Vorträge ans Licht der - US-amerikanischen universitären - Öffentlichkeit traten, wurden sie zunächst geschrieben und erst danach geäußert (MEM 21). Derridas Stimme repräsentierte in Yale und Irvine die geschriebenen Zeichen. Er wendet sich demnach auch praktisch von jenem Verhältnis ab, das er als *phonocentrisme* kritisiert und bekämpft. Danach ist Schrift lediglich *signe de signe, dérivée, survenue, particulière, extérieure* (Derrida 1967a, 45). Derrida kehrt dieses Verhältnis um. Gegen das Modell von der Schrift als spezieller und parasitärer Modalität der Sprache[45] (als deren authentisches, aber ephemeres Ideal das gesprochene Wort gilt) setzt er das Modell der Abhängigkeit der gesprochenen Sprache von der Schrift: „La parole puise donc à ce fonds d'écriture, notée ou non, qu'est la langue."[46] Es ist keine klassische Umkehrung, die Derrida vornimmt, eher ein Neubeschreiben altbekannter Begriffe. *Ecriture* verweist zunächst auf die konventionelle Schrift. Derrida rehabilitiert und stärkt hiermit die über lange Zeit - zugunsten des gesprochenen Wortes - unterdrückte zweite Seite der Sprache (Derrida 1967a, 83). *Schrift* meint bei ihm nicht: stabiles und geschlossenes System[47] von Signifikanten. Schrift kennzeichnet einen Prozeß, ein Verschieben, ein Umdeuten. Es existiert keine ursprüngliche Bedeutung, die es herauszufinden gilt und von der sich alles andere ableiten läßt. Genausowenig gibt es ein Textäußeres (Derrida 1974, 29). Schrift ist ein sich selbst supplementierendes unendliches Gewebe, eine sich in alle Richtungen ausbreitende Kette von Differenzen (*dissémination*). Selbst intratextuell festgelegte Bedeutungen sind nicht stabil. Worte werden bei Derrida zu Kreuzungspunkten von Linien und Kraftfeldern. Sie lassen sich nur mehrsinnig erschließen. Und sie verharren keineswegs an einer Stelle. Sie bewegen sich und werden bewegt.[48] Notorisch wird die der Schrift innewohnende Aktivität in der Be-

---

[45] Allerdings hat mittlerweile eine Vielzahl von Autoren darauf hingewiesen, daß dem von Derrida konstatierten abendländischen Phonozentrismus eine historische Position entgegengesetzt werden kann, die die Schrift aufwertet. Danach ist Schrift keineswegs parasitär, sondern Zeichen von Wissenschaft, Leistung einer über bisherige Wissensgrenzen hinausgehenden Gelehrsamkeit. Der Westen verfügt durchaus über ein positives Bild von der Schrift. Vgl. u.a. Khushf (1993, 26).

[46] (Derrida 1967a, 78) Derrida muß sich hier mit der landläufigen Vorstellung, daß man erst sprechen und viel später schreiben lernt - und deshalb die Schrift der Sprache nachfolge - auseinandersetzen. Interessanterweise kommen Humanbiologen zu dem Schluß, daß in der Evolution der Hominiden die phonetische Sprachkompetenz jünger als die - aliterale - Sprachkompetenz ausgebildet wurde. Das Lesezentrum bildete sich demnach vor 7 Millionen Jahren heraus, während die biologische Etablierung des Sprachzentrums vor ca. 2 Millionen Jahren einsetzte. Vgl. Niemitz (1995). Derridas in der Auseinandersetzung mit der Schrift entwickelte These einer vorphonetischen Urspur erhält also überraschende Bestätigung von den *hard sciences*.

[47] Dekonstruktion - wenn man überhaupt im Singular von ihr sprechen kann - ist nicht-systemisch. (MEM 83).

[48] „Schrift" scheint eine recht unglückliche Übertragung von „écriture" ins Deutsche zu sein, da „Schrift" ein endliches, abgeschlossenes Notationssystem suggeriert, Derrida jedoch ein unendliches Spiel der Differenzen konstatiert.(Derrida 1967a, 94f) Das

griffsbildung von *différance*. Das *a* verweist - neben anderem - sowohl auf die Aktivität des Partizip Präsens von *différer* (*différant*) sowie auf die unentschiedene Balance zwischen aktiv und passiv beim französischen Suffix *-ance* (Derrida 1988, 34).

Ecriture ist jedoch mehr als das Konventionalaphabet. Sie ist ein Differenzgewebe, aber ein immaterielles, nicht-präsentes. *Ecriture* unterliegt einer gleißenden, verlockenden Doppelstrategie: Benutze eingeführte Begriffe, schreibe ihnen ein Schattendasein zu, das sie mit subversivem Potential auflädt, fülle sie neu, ändere ihre Relationen zu anderen Begriffen und werfe sie in den diskursiven Raum. Es ist sicherlich anregend; fordert allerdings den Blick auf die Mängel geradezu heraus. Die Hauptdifferenz phonetisch-graphematisch (Derridas Hauptstoßrichtung) stabilisiert und beschränkt, denn sie unterschlägt die - noch geringer geachteten - mimischen und gestischen Aspekte. Visuelle, olfaktorische, gustatorische und taktile Differenzen werden wegen der graphematischen Ausrichtung der *archi-écriture* vollends vernachlässigt. Dieses Unbehagen bleibt, selbst angesichts der Überlegung, daß die Differenz, die Ur-Schrift eben nur Spur oder Marke ist, keinesfalls direkt über den einen oder anderen Sinn wahrnehmbare oder intelligible Substanz. Sie ist im Gegenteil Bedingung für jegliche Wahrnehmung (Derrida 1967a, 92).

Derrida spielt; er verweigert eine Benennung oder Definition der Ur-Schrift (Derrida 1967a, 83), führt seine Leser jedoch ständig in die konventionelle graphematische (Sack-)Gasse. So auch bei *Mémoires*. Das Werk bezieht sich auf die hinterlassenen Texte Paul de Mans, seine theoretischen Hauptwerke *Blindness and Insight* und *Allegories of Reading* sowie auf journalistische Texte des Anfang-20jährigen. Sie wurden von „Paul de Man" signiert. Sie sind Marken, Markierungen, die Rückschlüsse auf die Person Paul de Man, die ihren Namen diesen Texten gab, erlauben. Sie ermöglichen nicht die Rekonstruktion der Person, auch nicht die ihres intellektuellen Potentials. Paul de Man war vor dem Schreiben

---

substantivierte Partizip II „das Geschriebene" charakterisierte das Prozeßhafte weit besser. Andererseits läßt sich nur mit „Schrift" die Taktik des Umwandelns alter Begriffe, das Aufpropfen neuer Bedeutungen erzielen, das Derrida ja anstrebt. Das französische „écriture" schließt jene Konnotation des Prozeßhaften ein, den das deutsche „Schrift" verweigert.

von Derridas Gedenkschrift schon tot, nicht mehr auffindbar, vor allem nicht in der Lage zu antworten. Die Ein-Mischung erfolgt ohne die Möglichkeit der Intervention.

Die Auseinandersetzung ist vor allem textuell. Es sind nicht nur die frühen Arbeiten de Mans, die Derrida verstören, vor allem ist es der journalistische Krieg, der in den USA um die als „kollaborationistisch" und „antisemitisch" eingestuften Texte *des* amerikanischen Dekonstruktivisten. Es ist eine öffentliche, eine veröffentlichte Auseinandersetzung, in die Derrida sich einmischt; eine Auseinandersetzung, die von Hast und Eile geprägt ist, Präsenz suggeriert, ihre Verschiebung aber nicht verhehlen kann. Der Aufschub ist ein zeitlicher, denn die Texte, um die es geht, sind vor langer Zeit - für einen früheren alltäglichen Gebrauch - geschrieben worden. Da der damalige Alltag - in Nazideutschland, in den besetzten Gebieten - noch immer nicht als bewältigt und aufgearbeitet gelten kann und auch heute ein verstörendes schwarzes Licht auf die Gegenwart wirft, konvergieren in der Diskussion um Paul de Mans erste Arbeiten die alten Fragen nach dem Verhalten in diktatorischen Verhältnissen, nach Schuld, Mitschuld, nach Involviertsein und Rückzug, Reden und Schweigen. In Archiven aufbewahrt holen die alten Texte die Vergangenheit zurück, konfigurieren sie vor dem Auge der Gegenwart neu.

Derrida benennt die Texte, um die es geht; die Texte, die ihm zur Verfügung standen und die ihn herausforderten.[49] Derrida beschreibt, wie er die Texte zur Hand nahm, was er dabei dachte. Er gewährt Einblick in die Lektüresituation. Ebenso verfährt er, wenn er seine Art des Wiederlesens von *Blindness and Insight* anführt (MEM 31f). Derrida wird zum peniblen Protokollanten des Lesens.

Seine Lektüre ist mehrstufig. Zuerst fällt ihm eine *configuration idéologique* auf, diskursive Schemata, die eine beängstigende Nähe zu nationalsozialistischen Schriften aufweisen (MEM 161f). Im einzelnen handelt es sich um Wortregister wie „Dekadenz", „abendländische Zivilisation",

---

[49] Es sind 25 Texte aus *Le Soir* von Februar 1941 bis Juni 1942 und Übersetzungen von vier auf flämisch erschienen Artikeln in *Het Vlaamsche Land* von Paul de Man (MEM 158), der einflußreiche Beitrag von Jon Wiener in *The Nation* (MEM 220) sowie deren Präzessoren 1987 in *Le Soir* selbst und der *New York Times* (MEM 166).

„Nation", Revolution", Befreiung des Individuums". Zweitens hofft Derrida, unterhalb der Ebene dieser Wortregister ein anderes diskursives Feld finden zu können. Eines, das nicht eigentlich benannt, aber durch eine gewisse Gespaltenheit und Zweischneidigkeit geprägt ist. Ein Feld, das vermittels „Hellsichtigkeit" und „Abstraktion" dann doch eine Verteidigung der zivilisatorischen Werte, die Derrida im Wissenschaftler „de Man" und Freund de Man verkörpert sah, ermöglicht. Zwischen diesen beiden Polen, dem, was ins Auge sticht und dem, was „eigentlich" gesagt wird, pendelt die Lektüre. Wie stark diese zweite Ebene ausgeprägt ist, werden wir weiter unten *en détail* diskutieren. Ebenso, inwieweit die Methode des „einerseits - andererseits" Erfolg hatte. Ob sie überhaupt erfolg*versprechend* ist, sei dahingestellt. Denn ist nicht prinzipiell (gerade mit Derrida) - soweit überhaupt noch von Prinzipien die Rede sein kann - davon auszugehen, daß der Signifikant eben nicht ans Signifikat gekoppelt ist, sondern einem unendlichen Spiel unterliegt? Wenn Derrida die Angriffe auf Paul de Man abwehrt, verstrickt er sich dann nicht in einen Mechanismus der Identifizierungen, falsifiziert er dann nicht seine Überlegungen?

Noch ist es für solch ein Urteil zu früh; noch befindet er sich im Rahmen seiner Theorie. Die hervorstechende Eigenschaft der *écriture*, von Derrida gelobt, von Platon, Rousseau und vielen anderen Phonozentristen gegeißelt, ist ihre Struktur des Nicht-Präsenten. Da die Rede ephemer ist, muß sie notiert werden. Die Lesbarkeit ihrer Notation suggeriert ihre Anwesenheit; und doch ist sie unwiederbringlich verloren. Sie ist verschoben. Natürlich weiß Derrida, daß sich mit der Reproduktion von Texten - und nichts anderes ist eine Drucklegung - die Texte selbst ändern. Sie gehorchen einer Temporalität; sie verblassen, veralten, erhalten eine Zeitmarke. Darüber kann man nicht hinweggehen. Man muß auf die Markierung hinweisen. Das unternimmt Derrida, wenn er bemerkt, daß er den mündlichen Vortrag nicht mehr verändert hat; d.h., daß wir die gedruckte Version eines nicht mehr geänderten Vortrages in der Hand halten. In sie ist der damalige Kenntnisstand Derridas (Januar 1984) eingegangen. Bis zum Dezember 1984 erhielt er Kenntnis von weiteren Studien über de Man, die keinen Eingang gefunden haben (MEM 21f). Ähnlich verfährt er mit dem zweiten Teil der Mémoires. Er benennt den Zeitpunkt, an dem er schreibt (MEM 159).

6.2. Verschobener Eingriff - das Supplement

„*Mémoires*" ist supplementär - schon allein deshalb, weil Erinnerungen per se etwas Nachvollziehendes, etwas Aufgepfropftes anhaftet. Sie sind ein Kommentar, der verdoppelt, der das Kommentierte in anderer, neuer Gestalt herbeiholt. „Supplementarität" bezeichnet Derrida in Anlehnung an Rousseau wegen ihrer modifizierenden Wirkung als gefährlich (Derrida 1974, 244f). Auch hier benutzt er einen entwertenden und entwerteten Begriff - Supplement als Anhängsel, nachgeordnet, inferior. Schrift als Supplement des gesprochenen Wortes ist nur Ersatz. Sie ist mehr als Ersatz, wenn sie *an die Stelle* der Rede tritt und diese somit verdrängt. „Le supplement supplée. Il ne s'ajoute que pour remplacer. Il intervient ou s'insinue *à-la-place-de*." (Derrida 1967a, 208) Sein Mangel macht das Supplement subversiv. Der alte, vermeintlich harmlose Begriff, ist stark und neu und aufgeladen. Das Gewebe eines Textes verändert sich; abschließend ist nicht mehr rekonstruierbar, was vorher allein existierte und was sich einschlich. Bei „*Mémoires*" handelt es sich um einen besonderen Fall von Supplement, um ein Paradestück geradezu. Der Text besteht aus zwei Textgruppen. Die erstere entstand kurz nach dem Tode Paul de Mans. Sein Tod bewog Derrida, eine Vorlesungsreihe über „Dekonstruktion in Amerika" in ein Gedenken an den Freund und seine Texte der 70er und 80er Jahre umzuwandeln (MEM 37ff). Vier Jahre später tauchten journalistische Arbeiten Paul de Mans aus den Jahren 1940-42 auf, die dem Verfasser den Vorwurf der Kollaboration und der Verbreitung antisemitischer Äußerungen aussetzten. Da die meisten dieser Texte Literatur- und Kulturkritiken waren, bedurfte das Spätwerk des Literaturwissenschaftlers einer Neubewertung. Ansatzweise unternahm Derrida diesen Versuch, betrachtete den Wohlvertrauten mit neuen Augen und mußte seinen eigenen vier Jahre vorher geschriebenen Text einer Prüfung unterziehen (MEM 150).

Am Anfang beider Teile von *Mémoires* problematisiert Derrida den Prozeß der Annäherung, der Erinnerung überhaupt. Worum es bei *Mémoires* auch immer gehen mag - Gedenken, Gedächtnis oder Wiedererweckung - einzig das Scheitern bleibt präsent.

„Chaque fois nous savons l'ami à jamais disparu, irrémédiablement absent, anéanti jusqu'à ne pouvoir, lui-même, rien savoir ou recevoir de ce qui a lieu en sa mémoire - et à cette terrifiante lucidité, à la lumière de feu de ce grand jour incinérant où le rien paraît, nous tenons dans l'*incroyance* même, car nous ne croirons jamais ni á la mort ni à l'immortalité; et à l'incendie de cette lumière terrible nous tenons par fidélité car il serait infidèle de se leurrer encore jusqu'à croire que l'autre vivant *en nous* est *vivant en lui-même*: parce qu'il vit *en nous* et que nous vivons ceci ou cela en sa mémoire, en mémoire de lui." (MEM 43, Hervorhebungen im Original)

Derrida beschreibt die Annäherung als zwei Arten der Trauer: die mögliche, die narzißtische, die das Bild des Verstorbenen in uns einprägt, es in uns leben läßt und uns zu der Untreue verleitet, anzunehmen, der andere lebe an sich, da er für uns lebendig sei. Die zweite Art ist eine unmögliche, da sie zwar dem anderen seine Andersheit beläßt und die unendliche Entfernung in Rechnung stellt, aber letztendlich nicht annehmbar sei (MEM 29). Hier verschränkt Derrida seinen Text mit Paul de Mans Begriff von *true 'mourning'*, er pfropft und supplementiert gewissermaßen. Die „wahre 'Trauer'" ist keine wirklich mögliche. Jedoch ist sie eine, die den anderen akzeptiert, ihm seine Eigenheit beläßt, ihn nicht eingemeindet (MEM 51). „Wahre 'Trauer'" ist nur als Allegorie - ein weiterer zentraler Begriff de Mans - möglich, als Erzählung über den anderen, vom anderen. Sobald sie jedoch gelingt, sobald ein Bild des anderen entsteht, das seine Lebendigkeit suggeriert, ist sie gescheitert. Und nur im Scheitern, im Nicht-Eingemeinden, ist der Erfolg möglich. Derrida sieht sich - in doppelter Weise *mit* Paul de Man - in einer Aporie gefangen (MEM 54).

Verhält Derrida sich im ersten Teil der *Mémoires* supplementär im Verhältnis zu de Man, so ist der zweite gewissermaßen supplementär „von Natur" aus. Im Zentrum stehen urplötzlich aufgetauchte Texte, die de Mans bis dato bekannte intellektuelle Biographie über den Haufen zu werfen drohten. Sie sind früher entstanden als seine vielfach rezipierten Hauptwerke; ihre schiere Existenz muß sich - unbemerkt - in letztere eingeschrieben haben und ihnen eine andere Bedeutung verleihen. Derrida ist sich dieser Situation bewußt.

„"...sans jamais oublier le journaliste, on réapprendra à lire *tout'* l'oeuvre, c'est-à-dire tant d'autres aussi, *vers ce qui s'y ouvre*. On apprendra `a relire les livres, et *encore* les journeaux, et encore *vers ce qui s'y ouvre*. Pour cela on aura besoin en premier lieu, et plus que jamais *dans l'avenir*, des lecons de Paul de Man." (MEM 150, Hervorhebungen im Original)

Derrida beschreibt hier ein notwendiges, ein wünschenswertes Programm: das Neu-Lesen der alten (der neueren) Texte. Zunächst müssen jedoch die ganz alten (unvermutet ans Licht gespülten) untersucht werden. Wie geht Derrida dieses Unterfangen an? Er kann natürlich nicht zu Gericht sitzen über Paul de Man. Der ist nicht mehr da, kann nicht eingreifen; kann nur als Derridasche Konstruktion eingreifen, d.h. als verschobenes Bild von „Paul de Man" - also nur in einem Akt der Untreue des Freundes. Außerdem ist die Rolle der Richter schon besetzt: vom Feuilleton und den alten akademischen Gegnern, wie Derrida nicht müde wird zu betonen (MEM 151, 166). Um eine *Verteidigung* de Mans kann es ihm auch nicht gehen. Denn, wie gesagt, Paul de Man lebt nicht mehr. Und Paul de Man ist keinesfalls gleichzusetzen mit „Paul de Man", die Person reduziert sich nicht auf die Signatur unter den Schriften. Aber „Paul de Man" spricht zu uns, er läßt uns sprechen, von ihm und von uns (MEM 152f). Person und Werk sind Derrida partiell enigmatisch geblieben (MEM 152). Daran hält er fest. Das Rätsel muß nicht, darf nicht vollends aufgelöst werden. Das bedeutet nicht, sich abzuwenden, alles geschehen zu lassen. Derrida benennt seine Position: die eines fremd-vertrauten Freundes und Kenners, der Verantwortung übernehmen will. Als ein solcher nähert er sich den inkriminierten Texten. D.h., er supplementiert sie erneut: Seine Lektüre beginnt vor dem 24.12.1940, dem Erscheinungsdatum des mutmaßlich ersten Artikels von Paul de Man in der großen Brüsseler Tageszeitung *Le Soir*.

6.2.1. De Man lesen I

Derrida greift auf ein Editorial in einer studentischen Zeitschrift vom Februar 1940 zurück (Hamacher 1988, 19). Die *Cahiers* sind eine universitäre, demokratische, antiklerikale, antidogmatische und antifaschistische

Zeitschrift[50], deren Herausgeber und Redakteur de Man zum Zeitpunkt dieser Ausgabe war. Im Editorial analysiert er die Situation im Europa des Februar 1940, also nach dem Überfall auf Polen und vor der Besetzung Belgiens und der Niederlande. De Man konstatiert einen Kampf, er sieht das Abendland mitsamt seiner zivilisatorischen Errungenschaften durch Dekadenz(!) bedroht.

> „Les facteurs de décadence se trouvent dans toutes les nations, dans tous les individus... Mais puisqu'il est devenu un lieu commun de dire que la civilisation occidentale est en décadence et qu'elle croule de toute part, il est indespensable de se rendre compte quelles sont au juste ces valeurs si directement menacées." (Hamacher 1988, 19)

Obwohl es nur ein Gemeinplatz ist, erkennt auch de Man eine Krise. Aber er empfiehlt nicht, zum vorkritischen Zustand zurückzukehren. Die Krise muß angenommen und die bedrohten Werte müssen geprüft werden. Sie dürfen weder vorschnell aufgegeben noch reflexartig verteidigt werden. De Man schlägt sich - vorerst - auf keine Seite. Das ist verstörend. Aber diese Verfahrensweise, dieses Aushalten der Aporien, ist charakteristisch auch für de Mans spätere Arbeiten, wie Derrida selbst festhält (MEM 104).

Weiter unten warnt de Man vor einer gefährlichen Simplifizierung: „Mais on ne pourrait dire, sans simplifier dangereusement la question, que la guerre présente est une lutte de l'occident contre la barbarie." (Hamacher 1988, 19) De Man reduziert den Krieg 1940 nicht auf das Muster „Abendland contra Barbarei"; er hat Deutschland nicht aus dem Abendland ausgetrieben. In späteren Artikeln wird deutlich, daß dieses zentraleuropäische Land - mit allen seinen Problemen und seinen beklemmenden Hoffnungen - ausdrücklich dazu gehört.[51] Für de Man geht es nicht um Sieg oder Niederlage. Er sucht nach einem Ausweg aus der Krise. „[L]a victoire des démocraties ne sera une victoire de l'occident que dans la mesure où on parviendra à établir un ordre dans lequel peut revivre une civilisation celle qui nous est chère." (Hamacher 1988, 19) Wer so

---

[50] Nach Auskunft des „Entdeckers" und Übersetzers von de Mans frühen Schriften, Ortwin de Graef. (MEM 162).
[51] LS 16.3.42; S. 207 HVL 29./30.3.42; 302f, 26./27.7.42; 321f; 20.8.42; 325f; 27./28.9.42/332

schreibt, möchte nicht dem simplen Reflex der Abschiebung des Bösen auf die andere Seite nachgeben. Wer so schreibt, ist allerdings auch stark beunruhigt. Eine *Ordnung aufrichten* möchte jener, der sich im - negativ besetzten - Chaos wähnt. Die Haltung scheint legitim; zumal de Man eben nicht nach einfachen Verbündeten für diese Ordnung Ausschau hält. Sie dürfte sich stark von der *ordre nouveau* damaliger oder heutiger Extremisten unterscheiden.

Wie liest Derrida diesen Artikel? Zuallererst legt er eine Perspektive fest. Er plaziert de Man sofort auf der „richtigen" Seite: „Sans équivoque, il prenait parti *contre* l'Allemagne et *pour* la démocratie, pour 'la victoire des démocraties' dans une guerre définie comme une 'lutte ... contre la barbarie'." (MEM 162) Man konnte also beruhigt sein; de Man bezieht in einer demokratischen, antiklerikalen, antidogmatischen und antifaschistischen Zeitschrift Position auf der Seite der Demokratie. Erst danach kommt Derrida auf seine Verstörung zu sprechen. Er findet offensichtliche Ideologeme und zweischneidige Wortregister wie „Dekadenz", „Befreiung des Individuums" oder „neue Ordnung" (MEM 162ff). Vor lauter Beunruhigung übersieht Derrida jedoch die Möglichkeit, daß de Man am Anfang eines Weges stehen könnte, in dessen Verlauf Begriffe wie „Dekadenz" oder „neue Ordnung" einer Dekonstruktion unterzogen würden. Weshalb sollte *man* z.B. „Dekadenz" ausschließlich pejorativ ästhetisch verwenden? Aber vor allen Dingen: Warum verortet Derrida de Man an einer Stelle, an der letzterer sich gar nicht befunden hat? Ohne detektivisch, denunziatorisch oder inquisitorisch sein zu wollen, sollten wir vorerst die Lektüre fortsetzen.

6.2.2. De Man lesen II

Nach obiger Passage, in der Derrida de Man zunächst „positiv" festlegen konnte, bevor er sich ins gefährliche Feld der Doppeldeutigkeiten wagte, wechselt er die Strategie. Er fährt mit einer Folge des o.g. „Einerseits - Andererseits" fort. Im „Einerseits" beschäftigt sich Derrida mit der massiven, offensichtlichen und ideologischen Wirkung von de Mans Texten, die häufig mit der offiziellen Rhetorik im besetzten Belgien konform zu gehen scheinen.⁵² Das „Andererseits" setzt diesen Ideologemen eine versteckte, verborgene, gespaltene Bedeutung entgegen. Hier hebt Derrida die Zweischneidigkeit der de Manschen Argumentation hervor. Aber auch hier wird er ihr nicht immer gerecht. Er interpretiert de Mans scharfe Doppeldeutigkeiten in einem Sinne, der den Freund von einer imaginären Schuld befreien soll. In einer Rezension von Henry Montherlants Essaysammlung benutzt de Man folgendes Zitat von Montherlant:

> „Aux écrivains qui ont trop donné, depuis quelques mois, à l'actualité, jue prédis, pour cette partie de leur oeuvre, l'oublie le plus total. Les journeaux, les revues d'aujourd'hui, quand je les ouvre, j'entends rouler sur eux l'indifférence de l'avenir, comme on entend le bruit de la mer quand on porte à l'oreille certains coquillages."⁵³

Pikantermaßen verwendet Derrida das Zitat von der Gleichgültigkeit der Zukunft gegenüber den gestrigen Zeitungen als Untertitel der *Mémoires*. De Man jedenfalls gebraucht Montherlants Sentenz, um dessen Essaysammlung als naiv, nichtig und unangemessen zu kritisieren. Wohlgemerkt: die Essaysammlung *Le Solstice de juin*, und noch andere Werke aus dessen Feder mehr. Nicht aber den *ganzen* Montherlant. *Jeunes filles* lobt er durchaus: „Là où ses préoccupations morales restent sous-jacentes et ne servent que comme aliment à une inspiration qui a pu en tirer d'éclatants effets, elles constituent une des richesses de l'art de Montherlant." Derrida jedoch greift auf de Mans spezifische Kritik an Montherlant zurück, um das gesamte Oeuvre jenes Autoren als *conventionelle, insipide, inintéressante* und *inefficace* zu diskreditieren (MEM 177). Offensichtlich befleckt eine differenziertere Sichtweise des Autoren Montherlant jeden Kritiker, deshalb muß Paul de Man von jedem Verdacht gereinigt werden.

6.2.3. De Man lesen III

Eine dritte Lektüre betrifft den am meisten inkriminierten Artikel aus de Mans Feder. Die besondere Aufmerksamkeit ist sicherlich seinem höchst

---

⁵² (MEM 169) Alle nun folgenden Texte de Mans sind während der Besatzungszeit erschienen.
⁵³ MEM 176 , LS 11.11.41 in Hamacher (1988, 162).

alarmierenden Titel *Les Juifs dans la Littérature actuelle*[54] zuzuschreiben. Überschriften kann man nicht unbedingt den Autoren anlasten, für sie sind eher die Redakteure verantwortlich. Dennoch, wer sich 1941 in einem von einem dezidiert antisemitischen Regime beherrschten Territorium diesem Topos zuwendet, muß wissen, daß er einem rassistischen Diskurs zuarbeitet. Dieser Diskurs ist zu hegemonial, als daß irgendeine Doppelbödigkeit noch rettenden Einfluß hätte. Jeder Versuch unangepaßter Argumentation verschlimmert die Lage noch. De Man beginnt damit, den vulgären Antisemitismus zu kritisieren, der mit den Vokabeln *dégénéré*, *décadent* und *enjuivé* operiert. De Man beklagt, daß das Ausfindigmachen von *quelques écrivains juifs sous les pseudonymes latinisés* schon ausreiche, eine gesamte Literatur zu delegitimieren. Danach versucht er zu beweisen, daß „die Juden" in der Literatur nicht die ihnen fälschlicherweise zugeschriebene dominante Rolle gespielt hätten. Der semitische Einfluß sei zu vernachlässigen, die Literatur würde ohne ihn keinen Schaden nehmen. Im Gegenteil hätten die „abendländischen Intellektuellen" gezeigt, daß sie resistent gegenüber einem fremden Einfluß geblieben wären.

Diese Einschätzung ist katastrophal. Sie ist rassistisch und exterminatorisch, selbst wenn man beachtet, daß die „Endlösung", die mit *unfaßbar* auch heute treffend beschrieben ist, de Man zum damaligen Zeitpunkt nicht bekannt gewesen sein dürfte. Aber sein Text antizipiert diese „Lösung".

Welche Strategie verfolgt Derrida bei der Analyse dieses Textes? *Einerseits* ist er schockiert. Er erschreckt vor stereotypen Wendungen aus der Feder des jungen Journalisten (deren Wiedergabe meine Tastatur verweigert). Im Hintergrund lauert weiterhin Derridas „Andererseits". Wird er tatsächlich ein „Andererseits" wagen? Er quält sich sehr mit dieser Frage, aber er tut es! Und zwar, indem er de Mans gesamte Argumentation vertauscht. Bei Derrida ist die Verurteilung des *vulgären* Antisemitismus nicht die Einführung in einen *exterminatorischen*, wie ihn de Man daran anschließt - nein, Derrida beschließt seine Analyse des Artikels mit einer

---

[54] LS 4.3.41 in Hamacher (1988, 45).

Lobpreisung von de Mans „Nonkonformismus", der darin besteht, eben den vulgären Antisemitismus abzulehnen (MEM 192).

6.2.4. Derrida-de Man-Supplement

Wozu dienen diese Belege? Um die „Dekonstruktion" zu desavouieren, oder „nur" Derrida? Sicherlich nicht. Wir haben überprüfbare Beispiele, d.h. meinem Wissen verhältnismäßig leicht zugängliche und konkrete Texte ausgewählt, um Leistungsvermögen und „Methode" - jetzt schreibt sich dieser problematische Begriff doch tatsächlich wieder ein - der Dekonstruktion beurteilen zu können. An konkreten Exempeln ist aufgefallen, daß die Lesart die Texte zuweilen stark modifizierte. Es entspricht paradoxerweise dem, was Dekonstruktion meint, wenn sie behauptet, daß Signifikanten flottieren. Es besteht die Frage, ob ihnen vom Leser zuviel Gewalt angetan wurde. Betrachtet man de Mans frühe Texte, so spricht aus ihnen[55] eine energische analytische Kraft, ein unbedingter Wille, sich nicht vereinnahmen zu lassen. Nicht vom nationalsozialistischen Diskurs, aber auch nicht vom simplen antifaschistischen, für den einzig Exil oder Untergrund lebbare Varianten sind. De Man ist doppelt differenziert. Er entzog sich der Entscheidung für *die richtige Seite*. Sowohl politisch als auch ästhetisch. Das Scheitern im Erfolg und der Erfolg im Scheitern, schwarze, scharfe Doppelbödigkeit, Unentscheidbarkeit, Unlesbarkeit markieren sein Operationsfeld. Die Allegorie als besondere Form des uneigentlichen Sprechens wurde zu einem seiner wichtigsten Forschungsgegenstände.

Derridas Versuch, Verantwortung für seinen Kollegen zu übernehmen, ist deshalb gescheitert, weil er zu sehr vorbelastet war. Weil er wohl doch zuerst „Paul de Man" retten wollte und ihm nicht aufmerksam nachforschte. Die Komplexität des frühen de Manschen Werkes wurde vorurteilshaft gewendet. Derrida vermochte kaum, die de Manschen Aporien auszuhalten.

Er vereindeutlichte de Man und wurde ihm *untreu*; er fällt in das Verinnerlichen zurück, in die Konstruktion eines Bildes vom anderen, das ihm die Fremdheit nimmt und ihm die eigenen Wunschvorstellungen aufok-

---

[55] Abgesehen von Les juifs dans la Littérature actuelle.

troyiert. Derrida ist in der Höhle des eigenen Narzißmus angelangt (MEM 29).

Dennoch, Derridas Lesart setzt sich - trotz und wegen ihrer Voreingenommenheit - von den scharfen und schnellen Verurteilungen Paul de Mans deutlich ab. In Derridas Versuch ist die Anstrengung eingeschrieben, im Bewußtsein der Unmöglichkeit des Verstehens, die ausgesendeten Texte des anderen zu deuten. Es handelte sich auch um das Unterfangen, trotz der Ungerechtigkeit, die das mögliche, also narzistische Verstehen impliziert, eine Perspektive auf die frühen Texte zu setzen, die durch die Lektüre des Spätwerks konfiguriert wurde. Leider setzte Derrida nicht wirklich sein Vorhaben um, durch die frühen neuen Texte die späteren und bekannteren neu zu lesen. Derrida sprach lediglich davon; er *versprach* es - und entzog sich seinem Versprechen. Dabei erscheint de Mans Spätwerk bestens geeignet, die Zweischneidigkeit, Doppelbödigkeit und Kontextabhängigkeit von Diskursen zu untersuchen, Sperrigkeit und Widerständigkeit zu entwickeln sowie politische, historische, philosophische und ästhetische Analysen miteinander zu verbinden.

6.3. Fazit

Was sagt uns die bisherige Derrida-Lektüre hinsichtlich unserer Fragestellung? Nun, ganz pragmatisch muß als Text verstanden werden, was veröffentlicht wurde. Die Auswahl von Texten durch Derrida, Zitate, Verweise und explizite Benennungen (MEM 149) lassen keinen anderen Schluß zu. Bei Texten handelt es sich um sogenannte „literarische" Texte, sogenannte „philosophische" Texte, psychoanalytische, soziologische, linguistische, religiöse und noch andere, nicht klassifizierbare Texte, die aufeinander treffen können (Derrida 1986c, 135). Derrida trennt Texte nicht mehr genre- und gattungsspezifisch. Als schreibender Leser ist er Motor der Zirkulation, er läßt Texte und Diskurse aneinander stoßen. Ordnendes Prinzip seiner Schreib- und Lesepraxis sind nicht normative Vorgaben der rezipierten und zitierten Texte, sondern die eigene Perspektive, die Intention. Schreiben jeglicher Art wird so - unter Beachtung der Intertextualität allen Schreibens - wieder originär; ohne jedoch mit dem Produktionsprozeß aus genieästhetischer Sicht kongruent zu werden.[56] Derrida enthält sich - anders als z.B. Wolfgang Iser (s.o.) - einer Hierarchisierung von Texten; er nobilitiert keinesfalls literarische Texte.[57] Den Autor zu rekonstruieren, ist ein gleichermaßen natürliches wie unmögliches Unterfangen. Er ist abwesend, tot. Dennoch spricht er gerade durch seine Absenz zu uns. Er läßt uns sprechen, ist präsenter denn je (MEM 152f). Aber er ist keine sichere Hilfe für das Verständnis seiner Texte.

Der Interpret hat keine Aufgabe. Er taucht nicht als spezialisierter Rezipient auf. Leser sind wir alle, die wir über einen Text gebeugt sitzen. Die Leser sind es, die zum Sprechen gebracht werden, indem sie vom Text angestoßen werden. Der Leser ist großen Belastungen ausgesetzt. Er muß sich den Rätseln stellen, aber auch gewärtig sein, sie nicht bis zum letzten Grund auflösen zu können. Er darf den Text nicht narzißtisch vereinnahmen, muß ihn in seiner Andersheit belassen. Nicht-Verstehen muß möglich bleiben. Im Scheitern liegt Erfolg, im Erfolg das Scheitern. Dem Leser hilft kein Subjekt des Verstehens; nicht der Autor, nicht die Geschichte, nicht einmal der Text selbst. Unterstützung kann er nur von seiner eigenen Perspektivierung erfahren. Das Setzen einer Perspektive, eines Rahmens, eines Ausschnitts ist der einzige Halt, den Derrida anzubieten hat. Sie ist keine Zentralperspektive, sie hierarchisiert nicht den Raum. Aber sie begrenzt das Blickfeld, nimmt - zumindest temporär - Ein- und Ausschlüsse vor und ermöglicht dem Leser eine Rückkehr und Rückbesinnung. Diese Entschlossenheit zur Differenzbildung und Ausschließung, die vor allem Luhmanns Systemtheorie eigen ist, taucht hier notwendigerweise auf.

Die Setzung eines Rahmens kann die Lektüre leiten; sie aber oftmals auch gefährden, wie wir an Derrida selbst beobachten konnten. Denn wenn die Absicht der Lektüre zu dominant wird, verschiebt sie den Text - für andere - unerträglich. Ein Maß gibt es nicht. Die Devise lautet: Aporien aushalten. Die Ratschläge sind solche der Kontingenz und Subjektivität:

---

[56] Rezeptionsästhetisch ist Derrida ohnehin meilenweit von jeglicher Genieästhetik entfernt.

[57] In diesem Zusammenhang, der Aufhebung der Grenzen von Texten und Textgattungen sowie der Distanz von Diskursen spricht Gumbrecht gar von "literarischer Wende". Gumbrecht (1993a, 385f).

„Oui, le lire, voilà la tâche. Comment le faire désormais? Chacun s'y prendra à sa manière, les voies ouvertes sont si nombreuses, l'oeuvre s'entend et se différencie de plus en plus, et personne n'a de conseils à donner à personne." (MEM 211)

Liegt der Rat wirklich darin, daß niemand einem anderen Ratschläge zu erteilen vermag? Zumindest eine Schlußfolgerung läßt sich ziehen: Derrida sieht keinen Platz für Spezialisten, die die Lektüre leiten können. Der Interpret ist obsolet. Derrida vermag ihm nicht, wie z.B. Schleiermacher, Gadamer oder Iser, eine Methode an die Hand zu geben, der er folgen und mittels derer er Texte entschlüsseln könnte.

Dennoch ist Derrida selbst Leser, schreibender Leser. Er wagt das eigentlich Unmögliche. Während des Lesevorgangs hinterläßt er Spuren, markiert seinen Weg. Er hinterfragt permanent seine Position, seine Perspektive und seine Relation zum Text. Dabei bedient er sich eines komplexen Instrumentariums. Er verknüpft Reflexionen über den Autor, historische Zusammenhänge, wissenschaftliche Paradigmata und ästhetische Kategorien zu einem den Text begleitenden, ihn infizierenden Kommentar, der sich gleichzeitig durch - zuweilen schroffe - Distanz und unheimliche Nähe auszeichnet. Er wandelt in den Spuren einer souveränen, aber keinesfalls autonomen Figur, die als einzige Sicherheit das Geworfensein auf sich selbst, auf die eigenen Entscheidungsoption hat - eine Sicherheit allerdings, die diesen Namen nur schlecht zu tragen vermag, da sie prekär, brüchig und fragil ist sowie eines Ursprungs als Fixpunkt entbehren muß.

Mit dieser doppelten Geste von Sicherheit und Unsicherheit ermuntert Derrida uns, mit unseren Mitteln durch textuelle Welten zu streifen und Entscheidungen zu treffen, die sich durch Unschärfe auszeichnen können. Man darf, man muß Enigmatisches zulassen; so wie Derrida es in Bezug auf den verschobenen Dialog mit Paul de Man in *Rhetoric of Blindness* vorschlägt.

> „Je ne m'engagerai pas ici dans ce débat... D'abord parce qu'il me reste toujours un peu énigmatique. Ensuite parce que d'autres, dont Paul de Man, y sont eux-mêmes revenus et l'ont fait mieux que je ne pourrais le faire ici. Je pense encore à Rodolphe Gasché, Suzanne Gearhart, Richard Klein, David Carroll." (MEM 124)

Der Einwurf ist auf den ersten Blick klar. Derrida zieht sich zurück, überläßt anderen das Feld. Jenen, die sich besser zurechtfinden als er. Bescheidenheit spricht daraus; ebenso die Einsicht, an dieser Stelle nicht den angemessenen Raum finden zu können. Wie kann Derrida aber annehmen, daß andere sich dort besser zu orientieren vermögen, wo für ihn noch einige rätselhafte Nebel aufsteigen? Wie kann jemand die Qualität eines anderen in einem enigmatisch gebliebenen Bereich feststellen, wie dort ein Urteil fällen, wo die eigene Urteilskraft Lücken aufweist? Das innerakademische Lob gerät so zur Floskel, zur Abwehr geradezu. Derrida läßt uns mit dieser Unbestimmtheit allein. Die Entscheidung hat der Leser - wieder und wieder - zu treffen. Diese Konstellation ist nicht nur auf Derrida beschränkt; sie ist kennzeichnend für die postmoderne Literatur. Bevor wir daran gehen, den dortigen vagen, aber mächtigen Platz des Lesers zu untersuchen, soll eine - zugebenermaßen grobe - Systematik die bisher diskutierten theoretischen Ansätze zueinander übersichtlich in Beziehung setzen.

7. Abschluß der Untersuchung

Es ist nicht frei von Anmaßung, Schleiermachers, Gadamers, Isers und Derridas Herangehensweisen auf dürre Begriffe zu beschränken und diese obendrein in tabellarische Form zu pressen. Aber auf Wesentliches reduziert, ermöglicht diese Darstellungsweise, den bis hierher ausgearbeiteten Bedeutungsverschiebungen prägnanten Ausdruck zu verleihen. Zusätzlich zu den Verhältnissen und Bezügen im Akteursdreieck Autor-Interpret-Leser ist es mir wichtig, auch den Rahmen, der dieses Dreieck beeinflußt, mit anzugeben, da das Verständnis von Leser, Autor und Interpret an bestimmte kulturelle Muster gebunden ist, d.h. von der Wahrnehmung von Welt, Werk/Text und dem Modi des Verstehens geprägt ist. Denn „jeder Mensch lebt in einem bestimmten *Kulturmodell* und interpretiert die Erfahrung von den Assimilationsschemata her, die er erworben hat: die Stabilität dieser Schemata ist wesentlich, damit er sich in vernünftiger Weise inmitten der ständigen Provokationen der Umgebung bewegen und und die Stimuli der äußeren Ereignisse in einer Gesamtheit organischer Erfahrungen organisieren kann." (Eco 173, 145f) Sehr vereinfacht ließe sich folgende Übersicht erstellen:

	Schleiermacher	Gadamer	Iser	Derrida
Autor	bestimmt Intention und Sinnhorizont	als Referenzpunkt wichtig	verschwindet hinter dem Werk	tot
Interpret	Spezialist der Auslegung. oszilliert zwischen sklavischem Folgen & Überschreiten d. Autors	Spezialist. ist Autor und Leser überlegen; von Geschichte dominiert; verschwindet hinter dem Kommunikat	wird zugunsten des Lesers vernachlässigt und demokratisiert	aufgegeben (zugunsten des Lesers)
Werk /Text	stabil und zugänglich	stabil, fest. Bedeutungsgehalt unabhängig von Autorintention	lenkt Lektüre, konstituiert sich andererseits im rezipierenden Bewußtsein	Konstruktion mit fließenden Grenzen (w. a. pragmatisch festgelegt)
Leser	ideal; muß sich in Sinnhorizont des Autors versetzen & darüber hinausgehen; dem Interpreten nachgeordnet	historisch kontingent, ansonsten ideal; dem Interpreten nachgeordnet	Subjekt des Verstehens; zwei Modelle: impliziter Leser - nicht real, ergibt sich aus Textstruktur; individueller Leser - reales, sozialisiertes Subjekt	verfügt über je eigene Perspektive, muß sie setzen. Leser ist einzige aber schwache Instanz des Verstehens
Welt	fest, stabil	historisch differenziert, ansonsten objektiv (und) erkennbar	stabil, zugänglich. repräsentierte Realität, multiperspektiv. Textverstehen ist Wahrnehmungsmuster für Welt	fragmentiert, fliessend. vergleichbar mit Text
Verstehen	prozeßhaft, autopoietisch, eine ideale Wahrheit. dennoch ist vom Mißverstehen auszugehen	prinzipiell als Anders-Verstehen möglich. prozeßhaftes autopoietisches Befragen des Textes. zweiter Zirkel von Frage und Antwort. Interpretation abhängig v. Geschichtsgang	prozeßhafte, autopoietische, zeitgebundene Konstruktionsleistung des Lesers. zwei Stufen: Sinn und Bedeutung. je individuelle Resultate	in den Aporien von unmöglich und narzißtisch gefangen. wenn doch unternommen, dann als supplierender, autopoietischer Prozeß. kontingente, sinnhafte, bedeutungsvolle, kommunizierbare Zwischenprodukte

Der Leser wird zum Autor und Interpreten seiner Lektüre. Dennoch operiert er nicht in divinatorischer Autonomie. Er ist an die Struktur des veröffentlichten Textes, an seinen eigenen Wahrnehmungsapparat und an kulturell bedingte Konstruktionsmodi gebunden. Der Leser, ein autopoietisches, aber permanent gefährdetes Subjekt, liest in struktureller Kopplung mit seiner Umgebung. Umgebung oder Umwelt ist hier gesetzt als *Welt*, als alles außerhalb des selbstreferentiellen Systems Leser, „das abstrakte Andere", wie Luhmann es vorschlägt (u.a. Luhmann 1994, 217). Diese Umwelt des Systems ist differenziert in andere Systeme, die sich über einen eigenen selbstreferentiellen Modus bestimmen. Wenn wir - vom Tod des Autors ausgehend - den Text nicht als Kommunikationsmedium (zwischen Autor und Leser) sondern als anderes System begreifen, so stehen Text und Leser in einem operationalen Verhältnis zueinander, das - um ein Überleben beider Systeme zu ermöglichen - nicht auf völlige Unterwerfung ausgerichtet sein kann: Der Leser unterliegt der Strategie des Textes und entwirft eigene Lektürestrategien.

In diesem Spannungsfeld operieren auch - in unterschiedlicher Akzentuierung die vier diskutierten Autoren. Schleiermachers grammatische Methode zielt auf die Analyse des sprachlichen Systems, auf die gegebene Rede. Hier hat der Leser den Gesetzen der Sprache zu folgen. Um ein Verstehen zu gewährleisten, muß sich der Leser parallel dazu in das gesamte Denken und Leben des Autors einfühlen. Seine Lektürestrategie ist auf den Horizont des Autors einzustellen, geht einerseits über diesen - subjektiven - hinaus (Besserverstehen), ist aber trotz des Einsatzes aller Sekundärmaterialen, die eine Objektivität herstellen sollen, an diesen gebunden.

Auch bei Gadamer steht zuerst die sprachliche Analyse des Textes. Diese reicht jedoch nicht aus, einen Text sprechen zu lassen. Der Leser müsse die Wirkungsgeschichte, der der jeweilige Text unterlag, in den Verstehensprozeß einbeziehen. Gadamers Lektürestrategie ist historisch determiniert.

Iser sieht einerseits die Texte appellieren, andererseits den individuellen Leser mit Unbestimmtheitsstellen behaftete Texte konkretisieren. Der Leser sieht sich einer unmöglichen Situation ausgesetzt: Er muß anhand der

Textstruktur die Momente erkennen, die seiner Konkretisation bedürfen. Iser verharrt genau an der Schwelle, an der auch sein philosophischer Vorgänger Roman Ingarden verharrte: Die Konsequenz, daß dem Leser - mit dem ihm zur Verfügung stehenden Weltwissen - die Konkretisation von Unbestimmtheitsstellen obliegt - unabhängig von jedwelcher Wahrheit oder Intention -, wird von beiden nicht gezogen. Sie weigern sich standhaft, „wilde Semiose" zuzulassen. Sie verbleiben im Rahmen einer Hermeneutik, im Rahmen einer „seit der frühen Neuzeit in der europäischen Kultur institutionalisierten Prämisse von der Interpretierbarkeit und der Interpretationsbedürftigkeit der Welt; ihre Voraussetzung, daß Sinn und Bedeutungen immer schon gegeben sind." (Gumbrecht 1993a, 390)

Derrida konstatiert einen flottierenden Text, ein immerwährenden Verschieben von Signifikanten. Allenfalls ein gewählter Ausschnitt, ein Rahmen und eine vom Leser bestimmte Perspektive kann diesen Prozeß zum - temporären - Stillstand bringen. Derrida ist Inbegriff einer Abkehr der Hermeneutik alten Stils. Zwar deutet auch Derrida. Aber für ihn sind Sinn und Bedeutung gerade nicht vorgängig. Sie konstituieren sich temporär im Differenzgefüge des Gewebes Text. Deutung schreibt sich in den Text ein, supplementiert ihn. Sie kann sich nicht auf die homogenen Fixpunkte Autorintention (Schleiermacher), Geschichte (Gadamer) oder Textstruktur (Iser) berufen.

Auffällig ist die Parallelität von Derridas Begriff des Flottierens und gegenwärtiger medialer Schreib- und Lesepraxis. Arbeit an Tastatur und Bildschirm ist von Flüchtigkeit und äußerst bequemer Manipulierbarkeit gekennzeichnet. Zeichen werden nicht mehr geritzt oder eingeprägt, keine - dem schwerfälligen und grundsoliden Ackerbau vergleichbaren - Furchen mehr auf Texttafeln gezogen. Die kratzende Materialität von Federkiel auf Pergament ist dahin. Buchstaben sind in Pixel aufgelöst. Ein leichter Druck mit den Fingerkuppen läßt sie auf der Monitoroberfläche erscheinen, wo sie wiederum verschwimmen und flackern können. Das Überschreiben, Ausschneiden, Kopieren, Zusammenführen von Textbausteinen - die Dominoeffekte von Sinnverschiebungen - sind fast spurlos möglich. Lediglich bei der Konvertierung von Texten zur Weiterverarbeitung in andere Benutzeroberflächen und Textverarbeitungssysteme erscheinen Steuerzeichen und Textfragmente gleichsam als Monumente der

Geschichte von Manipulationen, sind deren einzige Spur. Das Wissen darum stärkt den Zweifel an der Beständigkeit und Eindeutigkeit von Texten.

Im Verlaufe dieser Arbeit zeigte sich: der Interpret verliert zunehmend an Bedeutung. Für Schleiermacher ist er der ausgemachte Garant des Verstehens, dessen jeder unqualifizierte Leser bedarf. Gadamer anerkennt die Spezialistenfunktion des Interpreten, hält ihn jedoch eher für einen notwendigen Zuträger des Lesers, der nach getaner Arbeit (der Erstellung einer Interpretation) abzutreten hat. Bei Iser verschmelzen Leser und Interpret zum hybriden Modell des impliziten und empirischen Lesers. Derrida gibt die Kategorie des Interpreten zugunsten des Lesers völlig auf.

Ein ähnliches Schicksal widerfährt dem Autoren, der bei Schleiermacher noch archimedischer Bezugspunkt ist, bei Gadamer zur Referenz herabsinkt, für Iser hinter dem Werk zurücktreten muß und bei Derrida lediglich als intertextuelle Markierung überlebt. Ausgehend aus den bisherigen Überlegungen läßt sich folgende Poetik des Lesens skizzieren.

8. Poetik des Lesens

> „VERSTANDEN ODER ÄSTHETISCH BEURTEILT WIRD NICHT DIE MATERIE, DAS THEMA, DIE INFORMATION ODER DIE SIGNIFIKANTENTEXTUR, SONDERN IHR SINN, DER GERADE WEIL ER NICHT IN DEN WÖRTERN LIEGT, SONDERN SIE ALS KONSTITUTIVES SCHWEIGEN UMHÜLLT, IHNEN ZU BEDEUTEN GESTATTET UND IHREM BAREN SEIN-ALS-INDICES DEN INTERPRETANTEN ERFINDET."
>
> Frank (1977, 356)

8.1. Texte sind supplementär

Schleiermacher konzipierte einst recht prophetisch seine Hermeneutik als eine allgemeine, anwendbar auf Texte jeder Art. Mittlerweile ist die klassische Nomenklatur der Textgattungen verunreinigt und hinfällig geworden. In Derridas Texten verschmelzen sogenannte „literarische" Texte, sogenannte „philosophische" Texte, psychoanalytische, soziologische, linguistische, religiöse und noch andere, nicht klassifizierbare Texte zu einem endlosen gepfropften bastardischen Text (Derrida 186b, 135). Abgrenzungen sind nicht sinnlos geworden, aber keineswegs mehr bindend. Dem Leser bleibt es überlassen, Gebrauchsanweisungen als literarische Texte zu lesen, Telefonbücher als Kunst zu rezipieren, Kategorien wissenschaftlicher Texte an fiktionale zu legen oder wissenschaftliche Texte als Literatur zu betrachten. Wenngleich jeder Gattung eigene Kriterien inhärent sind, die bei gelassener Betrachtung ihre Plausibilität nicht verlieren, so ist dennoch von der Möglichkeit eines „verwilderten" wie auch „fehl"-geleiteten Lesens auszugehen. Denn zunächst bestimmen ein von außen gesetzter Kontext bzw. die eigene Wahl die Lektüre. Zuweilen sind diese Vorgaben derart dominant, daß sie den gesamten Leseprozeß überschatten. Stanley Fish stellte einst seine Studierenden auf die Probe, indem er ihnen eine willkürliche Liste von Namen als Gedicht präsentierte. Daraufhin produzierten sie ohne jegliches Zögern eine Exegese dieses „Gedichts" (Fish 1980, 322ff). Derartige Mißverständnisse zeigen, daß die Grenze literarisch/außerliterarisch nicht mehr eindeutig bestimmbar ist.

Auch die Dichter selbst trennen nicht mehr literarische und außerliterarische Produktion. Brecht sah in der Gelegenheitsarbeit eine gute Schule für den Dichter. Boris Vian sah profane Auftragsarbeit als eine Aufgabe des Dichters, die ihn erst auszeichnete (Völker 1992, 10).

Texte entziehen sich nicht nur zunehmend ihrer Kategorisierbarkeit, ihre Struktur beginnt zu flottieren. Ein Zeichengebilde selbst ist schwerlich als eine homogene Einheit zu betrachten. Texte werden als Collagen produziert, Schnitttechniken des Films antizipiert (John Dos Passos) oder übertragen. William Burroughs generierte mit seinem Cut-up-Verfahren per Zufallsprinzip neue Satzgebilde aus Worten und Wortfetzen. Zitate werden nicht mehr nur als Motti dem Text oder einzelnen Kapiteln vorangestellt, sondern in den Text eingefügt (Vgl u.a. Thomas, Barth). Intertextuelle Verkettungen, also das dialogische Verhältnis von Texten im Text sowie zu anderen Texten außerhalb dieses Textes, lassen sich - sobald man seinen Blick durch diese paradigmatische Sehhilfe strukturieren mag - allerorten beobachten. Dieses Resultat ist auf die mangelnde Trennschärfe und modische Multifunktionalität des Begriffes zurückzuführen. Erfolgversprechend ist lediglich Gérard Genettes luzide, aber leider kaum wirkungsmächtige, Analyse von *Intertextualität*, die er als einen Typus der übergeordneten *Transtextualität* bestimmte und neben vier weitere Formen von *Transtextualität* stellte.[58]

Trotz der Uneindeutigkeit der gebrauchten Begrifflichkeiten kann man hinter diesen Befund nicht mehr zurückfallen. Texte sind uneindeutig, nicht rückstandslos klassifizierbar und kontextabhängig. Ein Text ist ein unendliches Differenzgewebe, das sich bastardisch zu anderen verhält und selbst mit supplementärer Entgrenzung rechnen muß (Derrida). Formal begrenzt ist er lediglich durch den Umfang der Publikation. Nur als ein gedrucktes Werk ist er jedoch tot. Lotman - noch der konventionellen Trennung literarisch/außerliterarisch verhaftet - schreibt:

---

[58] Es handelt sich um Inter-, Meta- Hyper- und Architextualität sowie den Dialog mit Paratexten. Genette (1982, 10ff).

„Der reale Körper des literarischen Werkes besteht aus dem Text (aus dem System der innertextlichen Beziehungen) in seiner Beziehung zur außertextlichen Realität, zur Wirklichkeit, zu den literarischen Normen, zur Tradition und zu den Vorstellungen. Die Wahrnehmung des Textes ist, losgelöst von dessen außertextlichem Hintergrund, nicht möglich." (Lotman 1972, 180)

Texte unterliegen zwar Gesetzmäßigkeiten der Sprache, sind jedoch von einem sich wandelnden Sprachgebrauch beeinflußt (Schleiermacher). Sie appellieren strukturell an den Leser, gelangen dennoch erst durch seine Konkretisationsarbeit zu ihrer Existenz (Iser). D.h., der Leser bringt sich in den Text ein und konstituiert so einen Sinn; schiebt ihn dem Text unter.

8.2. Lesen ist konstruktiver Prozeß

Ob es der hermeneutische Zirkel (Schleiermacher), das vorurteilsbehaftete Befragen (Gadamer), die Konkretisation (Iser) oder das Flottieren der Signifikanten (Derrida) ist, alle vier Autoren streichen die Prozeßhaftigkeit der Lektüre heraus. Sie ist bedingt durch eine - von allen Autoren (in allerdings unterschiedlichem Maße) konzedierte - Offenheit des Textes. Diese Offenheit ist zum einen grundsätzlicher Natur, sie ist immanentes Merkmal kognitiver Prozesse. In seiner allgemeinsten Form beschreiben dies die radikalen Konstruktivisten. „Die Aktivität des Wahrnehmens besteht darin, Invarianzen zu konstruieren. Isolieren, Auswählen, Scharfstellen, Aufpassen." (Richards 1987, 214) Wahrnehmungslücken werden vom Nervensystem ausgefüllt, eine fragmentierte Welt kohärent gemacht.[59] Dabei handelt es sich nicht um Abbildung, sondern um Konstruktion. Datenmaterial aus neurophysiologischem Bereich unterstreicht dies. „Das Verhältnis von externer Sensorik, Datenverarbeitung im Zentralnervensystem und Motorik ist 1:100000:1. Das heißt, auf jedes Neuron, das primäre Sensorik verarbeitet, kommen rund hunderttausend Neurone, die diese `Information´ weiterverarbeiten, mit früherer Erfahrung vergleichen und zur Konstruktion kognitiver Wirklichkeit benutzen." (Roth 1987a, 247)

---

[59] Vgl. Roth (1987, 280) und (1987a, 247) sowie zusammenfassend Bolz (1993, 38ff).

Sabine Gross verengt diese Perspektive auf die Psychophysiologie der Leseprozesse und gelangt zu analogen Schlußfolgerungen. „Visuelle Eindrücke sind [...] immer schon das Ergebnis von Interpretationen. [...] Textverständnis [ist] nicht passive Aufnahme eines gegebenen Inhalts, sondern aktive Sinnkonstruktion." (Gross 1994, 1)

Gross stellt weiterhin fest, daß das Lesen trotz der sequentiellen Anordnung der Schrift selbst diskontinuierlich strukturiert ist. Wir lesen keineswegs jeden Buchstaben, nicht einmal jedes Wort einzeln. Ein Leser bricht aus der linearen Abfolge der Zeichen aus. Die Lektüre erfolgt in visuellen Mustern. Peripher aufgenommene Informationen zur räumlichen Anordnung des Textes und der Länge der Wörter bestimmen Ort und Dauer der Fixation. Gelesen wird in Fixationsperioden, die ein oder mehrere Wörter umfassen können. Sie werden durch Saccaden, ca. 15 Millisekunden lange Vor- und Rückwärtsbewegungen der Augen, unterbrochen. Die Reihenfolge der Fixationsperioden - durchschnittliche Dauer 250 Millisekunden - kann sich äußerst stark von der Textanordnung unterscheiden (s. Anhang). Sie faßt zusammen: „Das Auge greift also dem eigentlichen Erfassen des Wortes bereits vor." (Gross 1994, 1)

Desweiteren wird der Leseprozeß durch den Kontext und bestimmte Reizwörter gelenkt. „Das Verständnis läßt sich gezielt durch ein sogenanntes *priming*, ein Voraktivieren phonetischer, lexikalischer oder semantischer Informationen, steuern. So wird das Wort `Hund´ in einem Satz schneller verstanden, wenn Leser oder Leserin unmittelbar zuvor `bellen´ oder `Katze´ gelesen haben. Aber auch `Sund´ erleichtert als visuelle - oder auch phonetisch-morphemische - Brücke das Lesen von `Hund´ im darauffolgenden Satz." (Gross 1994, 13) Isers Modell von Protention und Retention, dem Vorwissen, das - als Erwartung formuliert - das in diesem Augenblick zu Lesende überschattet, überträgt Gross hier auf eine mikrostrukturelle Ebene. Entscheidend ist der Pragmatismus des Lesens, der nicht mehr strikt zwischen Syntax und Semantik unterscheidet[60], sondern aus Lexemen wie Syntagmen Handlungsanleitungen entnimmt.

---

[60] Vgl. Fillmores Kasusgrammatik, Fillmore (1968).

„So wird beim Lesen das Wort `Der´ zu Beginn eines Satzes nicht als `bestimmter Artikel maskulin Nominativ´ klassifiziert, sondern umgesetzt in die Aufforderung, als nächstes (oder auf ein Adjektives folgendes) Element ein männliches Substantiv zu erwarten, bei dem es sich fast mit Sicherheit um das Subjekt, wahrscheinlich um den Akteur und vermutlich um das logische `Thema´ des Satzes handelt."[61] Der intratextuelle Kontext bestimmt die Vorstellungen eines bestimmten Wortes, was für den nachfolgenden Leseprozeß erleichternde oder irritierende Konsequenzen zeitigen mag. „Die Sätze `Schütte den Saft in das Gefäß.´ und `Schütte die Äpfel in das Gefäß.´ rufen bei LeserInnen - das läßt sich experimentell nachweisen - ganz verschiedene Vorstellungen von `Gefäß´ wach: im ersten Fall ein Glas oder eine Flasche, im zweiten ein Korb oder Eimer." (Gross 1994, 19). Als letztes Beispiel für die Strukturierung von Erwartungen sei noch auf temporal differenziertes, außerlinguistisches Wissen verwiesen. Der Satz „Er flog nach Kairo." beschriebe in der Gegenwart die Reise mit einem modernen Passagierflugzeug. Gälte die Aussage für die 30er Jahre, beträfe sie einen Flugpionier. Im Kontext eines Märchens wären ein fliegender Teppich oder ein Drache plausible Annahmen.[62]

---

[61] Gross (1994, 16) Sie weist darauf hin, daß es sich nicht um Gewißheiten, sondern Wahrscheinlichkeiten handelt, die durchaus enttäuscht werden können - z.B. "Der" als bestimmter Artikel feminin Genitiv.

[62] S. Gross (1994, 20). Allerdings verfügen Texte über höhere Komplexität als ein Satz wie "Er flog nach Kairo." Daher ist es möglich, daß die Art des Fluges im Laufe der Lektüre changiert. Außerdem ist der Fall zu beachten, in dem die Konkretisationsleistungen des Lesers alle potentiellen Textstrategien übersteigen. Eco bringt ein schönes Beispiel aus eigener Lektüreerfahrung, das den Möglichkeitshorizont von Konkretisationen ins Unendliche ausdehnt. Er spricht von einer Erkenntnis, die er einem Text entnommen zu haben glaubte und die er als Beleg seinem Freund Placido Beniamino zeigen möchte. "Ich zeige die Seite Placido und lese dann die Stelle, die mir soviel geholfen hatte. Ich lese sie ihm vor, lese sie noch einmal und noch einmal und falle aus allen Wolken. Der Abbé Vallet hatte nie den Gedanken geäußert, den ich ihm zu geschrieben hatte, will sagen, er hatte nie jene Verbindung zwischen der Theorie des Urteils und der Theorie der Schönheit hergestellt, die mir als so glänzend erschienen war. Es hatte sich so zugetragen, daß ich beim Lesen von Vallet (der von anderem sprach) und auf irgendeine mysteriöse Weise angeregt von dem, was er sagte, jene Idee gehabt hatte und so auf den Text, in dem ich die Unterstreichungen vornahm, fixiert war, daß ich die Idee dem Vallet zuschrieb. Und mehr als 20 Jahre lang war ich dem alten Abbé für etwas dankbar, was ich gar nicht von ihm hatte." Eco (1989, XIf).

Diese Beispiele zeigen zweierlei: Selbst einfache Texte weisen Mehrdeutigkeiten auf und das Bestreben des Lesers liegt in einer Beseitigung von Ambiguitäten und Ausfüllung von Leerstellen, die von Reizwörtern, dem Kontext und dem vorhandenen Weltwissen geleitet werden.

D.h. Texte sind strukturell offen. Umberto Eco prägte hierfür den Begriff der Offenheit ersten Grades, „die sich als charakteristisch für jeden Erkenntnisprozeß herausgestellt" habe (Eco 1973, 138).

Literarische Texte machen sich seiner Beobachtung nach die Offenheit ersten Grades zunutze und arbeiten sie strukturell ein. Sie folgen einer Ambiguierungsstrategie, die sich einer Vereindeutigung widersetzt und ein Flottieren des Textsinns unterstützt.

> „Die modernen Poetiken betonen diese Mechanismen und setzen den ästhetischen Genuß weniger in das schließliche Erkennen der Form als in das Erfassen jenes ständig offenen Prozesses, der es gestattet, stets neue Umrisse und neue Möglichkeiten für eine Form wahrzunehmen." (Eco 1973, 138f)

Offenheit zweiten Grades bedeutet, daß die prinzipielle Prozeßhaftigkeit alles Erkennens anerkannt wird. Gleichzeitig wird die Unabschließbarkeit kognitiver Vorgänge hypostasiert, indem das pragmatische Zu-Ende-Führen einer Lektüre durch eigens gewählte Destabilisierungsstrategien, multiple Fährten und Varianten hinausgeschoben und idealiter verhindert wird.

8.3. Literarisches Lesen/Schreiben

Gehört Eco noch zu denen, die Poetizität an den Werken festmachen (wie Gadamer - im Gegensatz zu Schleiermacher, Iser, Rorty oder Derrida) so läßt sich eine Verlagerung der Charakteristika von „(Hoch-)Literatur" vom Text auf den Rezipienten selbst beobachten. Wolfgang Iser beschreibt zwei Extremfälle der Rezeption, die die Grenzen *literarischen Lesens* markieren. Der eine Fall tritt ein, wenn die Erwartung des Lesers vollständig befriedigt, wenn sein Weltwissen völlig mit dem Textsinn zur Deckung gelangt. Die Lektüre ist schlicht banal. Das andere Extrem tritt auf, wenn sich zwischen dem Weltwissen des Lesers und dem Text keine Verbindung herstellen läßt, wenn beide Bereiche einander fremd bleiben und demzufolge der Text als phantastisch bzw. erratisch weggelegt wird.

Nur in dem heterotopischen Zwischenbereich, wo das Weltwissen des Lesers Erwartungen artikulieren kann, die teils enttäuscht, teils erfüllt werden und die ihn zu einer nachträglichen Modifikation seiner Annahmen bewegen, liegt der Bereich der Literatur. Denn die Enttäuschung von Erwartungen macht erst die Art der Erwartung bewußt und führt zu kognitivem Gewinn und ästhetischem Genuß. Die Freude am Ungewissen, Changierenden und Oszillierendem hält auch Raymond Federman für ein Charakteristikum postmoderner, in seinem Falle surfiktionaler Literatur. Er verdeutlicht diesen Ansatz an der Figurenkonzeption. Denn sowenig der Leser selbst, ja das schwache Subjekt schlechthin auf die Konstruktion von Identitäten verzichten kann, genausowenig kann der heterotopische Raum der Literatur auf eine Personage verzichten. Diese Personage jedoch wird nicht stabil sein können; sie wird selbst flottieren müssen. Federman macht in einer Art literarischer Bauanleitung die Abkehr von modernen Figurenkonstellationen und normativer Gattungspoetik deutlich und entwickelt folgendes Konzept:

„Schreiben heißt, einen Raum füllen (Seiten schwärzen); und in den Räumen, in denen es nichts zu schreiben gibt, kann der Schriftsteller jederzeit Material einfügen (Zitate, Bilder, Diagramme, Karten, Entwürfe, Stücke aus anderen Diskursen, Kritzeleien, usw.), die absolut nichts mit der Geschichte zu tun haben, die er gerade schreibt. Oder er kann einfach diese Räume weiß lassen, denn Literatur besteht zu einem ebenso großen aus dem Gesagten wie dem Nichtgesagten, denn das Gesagte muß nicht notwendig wahr sein, da das Gesagte stets auch anders ausgedrückt werden kann.

Als Ergebnis davon werden die Wesen der Literatur, die erfundenen Wesen nicht länger als Figuren bezeichnet werden, als wohlgeformte Figuren, die eine festgelegte Persönlichkeit mit sich schleppen, einen stabilen Satz sozialer und psychologischer Attribute (einen Namen, einen Beruf, eine Situation, eine Kondition, eine bürgerliche Existenz, usw.). Diese surfiktionalen Figuren werden so veränderlich, instabil, irrational, namenlos, unbenennbar, verspielt und betrügerisch, so unvorhersehbar sein wie der sie erschaffende Diskurs. Das heißt allerdings nicht, daß sie blanke Marionetten sind. Ganz im Gegenteil, ihr Dasein wird ursprünglicher, komplexer und authentischer, dem Leben näher sein, weil sie nicht etwas zu sein vorgeben (da Leben und Fiktion nicht länger unterscheidbar sind): Imitation wirklicher Menschen; sie werden sein, was sie sind: Wort/Wesen.

> Die gut gemachte Personage (Held, Protagonist) der traditionellen Literatur, die die Bürde eines Namens, einer sozialen Rolle, einer Nationalität, eines Lebensalters, elterlicher Bindungen, einer Vergangenheit und manchmal einer physischen Erscheinung und sogar einer inneren Psyche trug, wird von einer Schöpfung, oder besser gesagt einem Geschöpft [sic!] verdrängt werden, das außerhalb jeglicher vorbestimmter Forderungen der Gesellschaft und außerhalb jedes präzisen Augenblicks der Geschichte fungieren wird.
>
> Dieses Geschöpf wird in gewisser Hinsicht seiner eigenen Erschaffung und auch seiner eigenen Beseitigung beiwohnen. Dieses Geschöpf wird kein Mann, keine Frau in einer bestimmten Situation sein (...)
>
> Da sich die Surfiktion nicht länger als soziales oder historisches Dokument anbieten wird, das den Leser über das „wirkliche" Leben und die „wirklichen" Menschen informiert, sondern als Kunstwerk, das nach eigenen Regeln funktioniert, wird der Leser nicht mehr in die Versuchung geraten, sich mit den „Charakteren" zu identifizieren. Statt dessen wird er an der Schöpfung der Fiktion in gleichem Maße beteiligt sein, wie der Schöpfer, der Erzähler oder das Geschöpft dieser Fiktion. Sie werden alle Teil des fiktionalen Diskurses sein, sie werden alle dafür verantwortlich sein." (Federman 1992, 71ff)

Damit haben wir einen Perspektivwechsel vollzogen, von der Rezeption hin zur Produktion. Dennoch finden sich auch auf dieser Seite literarischen Lebens genau die Momente der Lust am Ungewissen wieder, die wir vorher als lektüreleitend bestimmt haben. Und wir konnten mit Federman einen Kreis schließen, sind wieder beim Leser angelangt. Zusammenfassend läßt sich konstatieren: Entscheidend für die Poetizität einer Lektüre ist also das überraschende, unerwartete und jede Gewißheit übertreffende Zusammentreffen von Text und Leser. Poetizität kann deshalb nicht mehr nur in den Texten verankert sein. Sie wird zum Leser hin verlagert, „ist weniger eine Eigenschaft des Textes als vielmehr eine Einladung an die LeserInnen: zutreffender ist es also, von literarischen Leseprozessen zu sprechen." (Gross, 1994, 2) Dem Wandel der Leserposition von passivem empfangenden Nachvollzug einer Vorgabe hin zum aktiven Konstruktions-prozeß, der die beteiligten Elemente *Text* und *Leser* verwandelt, aber dennoch kein rein aktiver, quasi divinatorischer Akt ist, steht ein komplementärer Wandel von Schreib-prozessen gegenüber.

8.4. Literaturgebrauch ist Mediengebrauch

Lesen geschieht nicht im luftleeren Raum. Es vollzieht sich eine permanente Reformulierung von Weltwissen durch die Lektüre sowie eine Beeinflussung der Lektüre durch das modifizierte Weltwissen. Lesen findet innerhalb der Wirklichkeit statt, Sinn wird anhand bisheriger Erfahrungen produziert. Der fiktionale[63] Raum ermöglicht wiederum einen Zuwachs an Erfahrungswissen, der aufgrund der - zumindest mortalen - Folgenlosigkeit allen fiktionalen Handelns in anderen Bereichen nicht in gleichem Maße möglich ist, strukturiert die Weltwahrnehmung und bietet neue Möglichkeiten zur Navigation durch das real erfahrbare Leben.

Bevor man sich in den heterotopischen Raum einer epischen Dichtung begibt, ja bevor man überhaupt ein Buch zur Hand nimmt, Buchdeckel und Vorsatz umschlägt, greift schon der Mechanismus der Erwartungen. Literatur und andere Medien haben sich angenähert. Ins Kino oder Theater geht man, um sich zu amüsieren, um Leute zu treffen, um Zeit angenehm zu verbringen. Musik legt man sich je nach Stimmung ein - um sich aufzumuntern, melancholischen Eindrücken nachzuhängen, Energie zu tanken. Man richtet sich nach Empfehlungen - sei es von vertrauten Personen, Institutionen wie der Kritik, aktuellen Diskursen oder tradierten Qualitätsmerkmalen. Externe Leseziele wie Bildung, Aneignung kulturellen Kapitals, Konsumerwartung sowie präfigurierte Haltungen, die von der Kenntnis des Autors, des Themas oder des Stils ausgehen, bestimmen - anfangs stark, später schwächer werdend bis ganz verschwindend - den Verlauf der Lektüre. Schreibende Leser gehen meist - auf der Suche nach interessanten Argumentationen, prägnanten Zitaten und Bausteinen zur Absicherung der eigenen Ausführungen - mit kannibalistischem Vorsatz an die Texte anderer Autoren. Dieser Mechanismus läßt sich auch in dieser Arbeit nicht vermeiden. Er ist ein Problem der Intertextualität. In andere Zusammenhänge eingerückt verfärben sich Zitate, assimilieren sich an das textuelle Umfeld. Vor allem bewirken vor der Lektüre eingenommene Haltungen und festgesetzte Perspektiven eine Begrenzung des Lesegenusses. Vladimir Nabokov ist in seiner Klage über das vorbestimmte

---

[63] "Fiktional" ist hier als "heterotopisch" gebraucht, also als der Wirklichkeit zugehörig, weil strukturell ähnlich, dennoch über sie hinausgehend.

Lesen durchaus zuzustimmen. „Nichts wäre langweiliger oder dem Autor gegenüber ungerechter, als daß man sich beispielsweise mit der vorgefaßten Meinung an die Lektüre von *Madame Bovary* machte, es gehe darin um eine Bloßstellung des Bürgertums." Er rät weiter, die mit einem Kunstwerk erschaffene neue Welt so gründlich wie möglich zu erforschen, sich ihr als etwas völlig Neuem zu nähern. „Erst nach gründlicher Erforschung dieser neuen Welt, und keineswegs früher, wollen wir ihre Beziehungen zu anderen Welten und anderen Wissenszweigen erkunden." (Nabokov 1991a, 25) Nabokov plädiert also für eine Trennung von Sinn und Bedeutung, eine Unterscheidung, die Iser bereits unternahm. Der intratextuelle Sinn soll während der Lektüre, in Auseinandersetzung mit dem Text, erzeugt werden. Die Bedeutung eines Textes, also sein Verhältnis zu anderen Texten und Diskursen, müsse nach der Lektüre unternommen werden. Solch vorurteilsloser Einstieg ist jedoch illusionär. Er widerspricht geradezu dem Aufbau dieser Arbeit, die sich in vorgeschaltete theoretische Reflexion und nachfolgende praktische Anwendung gliedert. Die Konstruktionen von Sinn und Bedeutung lassen sich im Nachhinein zwar analytisch trennen, im pragmatischen Leseprozeß greifen beide Vorgänge ein und beeinflussen sich gegenseitig. Eine - wenn auch temporäre - Einengung der Perspektive auf die intratextuelle Sinnkonstruktion ist, so ließe sich mit Gadamer betonen, sogar unzureichend, um einen Text zu verstehen, denn die Rezeptionsgeschichte des Textes habe in die Lektüre einzufließen.

Diese unterschiedlichen Möglichkeiten der Herangehensweise bürden dem Leser eine weitere Last auf. Er hat schon im Vorfeld Entscheidungen zu treffen. Aber er kann sich nicht sicher sein, ob die eingenommene Leseperspektive eine erfolgreiche ist. Es kann ihm nämlich geschehen, daß die Leseerwartung seine Lektüre derart vorstrukturiert, daß er der Lächerlichkeit anheim fällt, wie es den Studierenden in Stanley Fishs o.g. Experiment erging.

In der Literaturwissenschaft ist das Gebiet der externen Lektüreerwartung ein weithin brachliegendes Feld. Auf die Relevanz dieses Präsettings für die Lektüre im literarischen Feld kann in dieser Arbeit nur fragmentarisch verwiesen werden. Lediglich in popkulturellen Bereichen werden diese Erwartungen thematisiert. Der Zusammenhang darf im Fehlen von „Sinn" in althergebrachtem Sinne in der Popkultur gesucht werden. Hermeneutischen Annäherungen halten solche Texte nicht stand, weil ihre Verweisstruktur anders gebildet ist. Popkulturelle Texte und Musik haben keinen festen Referenzpunkt, wie er traditionell literarischen Texten unterstellt wird. Poptexte können nicht in Bezug zu einer feststehenden Realität *verstanden* werden.[64] „Literatur" hingegen wird - wenn auch kein Abbildungsverhältnis mehr, so doch - ein abgeleitetes Verhältnis zu einer außerhalb von ihr verorteten, stabilen Realität zugemutet. Zumindest gilt das für Schleiermacher[65] und Gadamer. Iser sieht schon eine Verschränkung von Fiktion und Realität; er implantiert jedoch den Texten selbst eine nicht hintergehbare, appellierende Struktur, die zwangsweise vereindeutigt. Derrida markiert einen Wendepunkt. Abbildungsverhältnisse und starre Bastionen der Theoriebildung sind aufgelöst, eindeutige Lesarten aufgegeben. Derrida propagiert das unkonventionelle Lesen zwischen den Zeilen, wider den Strich. Er orientiert sich nicht an Abbildungsverhältnissen, an wahr oder falsch. Er setzt den Lektürerahmen selbst.

Diese Wahl ist jedoch eine gebundene. Sie schließt an, springt auf. Das Verhalten gleicht dem eines Surfers, der sich von Wind und Wellen treiben läßt, ihre Energie ausnutzt und sie - hier kommt das eigene Vermögen hinzu - ausnutzt. Die Wahl ist eine des Mediums, der Energie. Der Benutzer ist angeschlossen, eingespeist in ein subjektunabhängiges System. Lesen ist in gewissem Sinne Wellenreiten - sich anvertrauen, Ziele bestimmen und mit unzureichenden Mitteln lenken. Diese Perspektive, diese Modalität wollen wir beibehalten.

---

[64] Wenn sie *verstanden* werden, laufen sie umgehend Gefahr, verboten zu werden. (S. Johnny Rottens *God save the queen*, DAFs *Mussolini* oder diverse "gewaltverherrlichende" HipHop-Stars).

[65] Zumindest betrifft es den "halben" Schleiermacher, Schleiermacher als *psychologischen* Ausleger.

8.5. Lust am Text/Wollust am Text

„WER ES BRAUCHT, TUT ES." Elke Heidenreich[66]

Vielleicht läßt für den vor einem Wahlzwang stehenden Leser sogar eine Entscheidung treffen. Ungeachtet aller intertextuellen Bedeutungen - um die der Leser wissen oder nicht wissen kann -, ungeachtet des intratextuellen Sinns - der im Flottieren begriffen ist - läßt sich Isers Feststellung folgen, daß ein Text, eine Lektüre nur dann ästhetischen Genuß bereitet, wenn sie - zwar strukturell verbunden mit dem bisher erlangten Weltwissen - über dieses hinausgeht, es verändert und Überraschungen birgt. D.h. ein Text sollte nicht mimetisch sein. Nichts ist langweiliger als zu erfahren, was man ohnehin schon weiß; im schlimmsten Falle wird dieses Wissen auch noch auf ausgetretenen Pfaden transportiert. Eine Freude, eine Lust am Text, kann nur dort entstehen, wo ein Leser und ein Text in Inkongruenz zusammentreffen. Der Leser muß sich anhand des Textes entäußern können. Das gelingt nur, wenn der Text nicht „plappert" (Barthes 1974, 10). Dann vermag man, was Nabokov fordert: sich dem Text anvertrauen. In ihn hineingehen, sich hinreißen zu lassen und sich aller Kanonisierungen und Taxonometrien zu enthalten. D.h., sich voller Freude der Kanonisierung im Wissen um die Kanonisierung zu enthalten, sich von ihr abzusetzen. So vermag Lesen lustvoll und erotisch zu werden. Denn Erotik ist dort, „wo die Kleidung auseinanderklafft" (Barthes 1974, 16). Wo die Haut zu sehen ist. Dort, wo „die brave, konforme, plagiatorische Seite" auf eine andere Seite trifft, „die mobil, leer ist (fähig, beliebige Konturen anzunehmen)." (Barthes 1974, 13) Erotisch ist die Kluft zwischen der Kultur und ihrer Zerstörung. Lustvolles Lesen, d. h. literarisches Lesen, bedient sich also kultureller Normen, setzt sich aber auch von ihnen ab; hantiert mit der Flamme der Zerstörung, ohne sich ihrem destruktiven Spiel ganz hinzugeben. Lust - und ihre übersteigerte Form, die Wollust - ist nicht naiv. Dennoch will sie sich überraschen, an der Nase herumführen lassen - und doch mittels kognitiver Kompetenzen das Spiel innerhalb des Gewebes durchschauen. Barthes schwankt hier zwischen

---

[66] In mündlichem Vortrag über das Lesen am 13.12.98 im Berliner Hotel "Adlon".

der Lust am Text und der Wollust. Mal gehen beide ineinander über, sind Ausdruck der „Kohabitation der Sprachen, das glückliche Babel" (Barthes 1974, 8). Doch er differenziert auch. Lust ist an Befriedigung, Behaglichkeit gebunden. Sie ist Privileg eines Mandarinats, Ausdruck des freien und doch domestizierten Spiels einer wissenden Kaste (Barthes 1974, 58f). Lust ist an die Kultur gefesselt, an Intelligenz, Raffinesse, Meisterschaft, Sicherheit. Sie bestätigt (Barthes 1974, 77). Wollust dagegen ist nicht voraussehbar, ist völliges Verlieren (Barthes 1974, 10, 59). Sie ist extrem, geht aber über bloße Perversionen hinaus. Vor allem ist sie nicht reproduzierbar. Sie entsteht - und vergeht, ist ephemer.

Diese Art des Lesens erfordert demnach dreierlei: zunächst das Vertrauen in die eigene Lesekompetenz und den - vorerst - gewählten Rahmen der Lektüre. Damit verbunden ist die Entscheidung, das eigene Urteil zu achten, d.h. banale Texte auch als solche abzutun, den interessanteren jedoch zu folgen. Daraus sollte zweitens eine Hingabe an den Text entstehen, ein vertrauensvolles sich leiten lassen. Und drittens schließlich eine Freude an der Destabilisierung von Ordnungen, ein Genuß an der Enttäuschung eigener Erwartungen. Es offeriert ganz pragmatisch auch in Zeiten multipler und widerstreitender Gattungspoetiken, einem inflationären Meer an Information und der Unmöglichkeit einer universellen, alles umfassenden Perspektive tatsächlich noch eine Lektüre.

8.6. Der Leser - das unbekannte Wesen

Den Leser gibt es nicht. Zwar kann soziologisch ein Konstrukt des empirischen Lesers erstellt werden, differenzierte Konstrukte je nach Geschlecht, Alter, Bildung, Sprachkompetenz, quantitativer Lektüre etc.[67] All diese Anstrengungen führen uns nur zu mehr oder weniger deindividualisierten Modellen. Man könnte auch - wie Barthes es anreißt - eine psychoanalytische Typologie der Lustleser erstellen. „Dem Fetischisten würde der zerschnittene Text, die Zerstückelung der Zitate zusagen... Der Zwangsneurotiker genösse den Buchstaben, die sekundären Sprachen, die Metasprachen... Der Paranoiker würde verzwickte Texte, wie Argumen-

---

[67] Das unternimmt die Empirische Literatur und Medienwissenschaft in gesteigertem Maße. Vgl. Dijkstra (1994); Krusche (1995).

tationsreihen entwickelte Geschichten... konsumieren oder hervorbringen. Der Hysteriker [nähme...] den Text für bare Münze." (Barthes 1974, 93) Auch hier ist der Leser zersplittert - und doch katalogisiert. Wiederfinden könnte er sich nur individuell. Nämlich in genau dem Moment, in dem er auf den Text trifft; dort, wo sich ein Raum eröffnet, in den Leser und Text sich ergießen, sich aneinander entäußern und umformulieren. D.h., weder Text noch Leser können stabil sein. Andererseits muß dem Leser - als Bedingung einer partiell erfolgreichen semiotischen Tätigkeit - eine gewisse Kohärenz eigen sein. Letztlich kann er sich nur auf seine beschränkten, aber unumgänglichen Kompetenzen der Selektion, Perspektivsetzung und kulturell geprägter Kommunikation verlassen. Der Leser ist nichts anderes als ein fragiles, lernfähiges, autopoietisches System, das nicht unabhängig von seiner Umwelt ist.

8.7. Schreiben/Lesen

Wir haben - am Beispiel Derridas vor allem - das Phänomen des schreibenden Lesers verdeutlicht. Lesen und Schreiben, d.h. die Theorien von Schreib- und Leseprozessen sind zusammengerückt. Einfachen mimetischen Verhältnissen wird zugunsten von Produktions- und Konstruktionsvorgängen eine Absage erteilt. Das zeigt ein Vergleich von Isers Rezeptionsästhetik (s.o.) und Federmans Poetologie des Schreibens[68]. Iser verwebt auf den Leser bezogen Wirklichkeit und Fiktion. Er hebt die strikte Unterscheidung dieser Bereiche auf. Ähnliches unternimmt Federman, wenn er postuliert:

> „Schreiben heißt also, Bedeutung zu PRODUZIEREN, und nicht eine prä-existente Meinung zu REPRODUZIEREN. Schreiben heißt VORAN-SCHREITEN und nicht der Bedeutung - aus Gewohnheit oder Reflex -, die angeblich der Sprache vorangeht, untergeordnet BLEIBEN. In diesem Sinne kann Literatur nicht länger Realität sein, keine Imitation der Realität, keine Repräsentation der Realität, nicht einmal eine Neuschöpfung der Realität; sie kann nur EINE REALITÄT sein - eine autonome Realität, deren einzige Beziehung zur wirklichen Welt darin besteht, diese Welt zu verbessern. Zu schreiben meint also eine Möglichkeit, die Realität abzuschaffen, vor allem die Vorstellung, daß Realität Wahrheit sei. Statt also

---

[68] Von *Autor*schaft ist keine Rede mehr.

als Spiegel zu dienen oder sich selbst zu verdoppeln, bietet die Literatur eine Ergänzung zur Welt und schafft eine bedeutungsvolle Beziehung, die vorher nicht existierte." (Federman 1992, 63f; Hervorhebungen im Original)

Wir befinden uns an einem Übergang. Was für die Rolle des Lesers erkannt wurde, gilt gleichermaßen für den Schreiber. Eine Annäherung von entgegengesetzten Polen aus ist zu beobachten; es ist geradezu eine Überbietung. Bestand in den frühen Hermeneutiken die Aktivität des Lesers vor allem darin, den Schreibprozessen und -intentionen nachzuspüren, so sind mittlerweile dem Prozeß des Schreibens Überlegungen zur Leserbeteiligung immanent. (*Beteiligung* des Lesers bedeutet hier Anstoß; sie ist dynamisch im Gegensatz zur klassischen *Wirkung* auf den Leser. Letztere ist statisch, prägend, determinierend und diktatorisch.) Symptomatisch ist Federmans folgende Bauanleitung des Schreibens:

„Alle Regeln und Prinzipien des Druckens und Buchmachens müssen gezwungen werden, sich als Resultat der Veränderungen beim Schreiben (oder Erzählen) einer Geschichte zu ändern, um dem Leser ein Gefühl der Eigenbeteiligung am Schreib/Leseprozeß zu vermitteln und ihm eine (aktive) Möglichkeit zu geben, sich an der Ordnung des Diskurses und der Entdeckung seiner Bedeutung zu beteiligen. Das Konzept der Syntax selbst muß verändert werden. Die traditionelle Syntax ist die Einheit, die Kontinuität der Wörter, das Gesetz, das sie beherrscht. Die Syntax reduziert die Vielstimmigkeit der Wörter und kontrolliert ihre Kraft; sie fixiert sie auf einen Platz, einen Raum und hält sie vom Herumwandern ab." (Federman 1992, 66f)

Das Pendel schlägt zur anderen Seite aus. Der Schreiber hat sich nach den Regeln der Rezeption zu richten. So weit wollen wir nicht gehen, müssen auch zwischen Forderung und Beobachtung differenzieren.

Auffällig an Lese- und Schreibaktivitäten ist der Grad ihrer Einschränkung. Der verstärkten - aber nicht omnipotenten - Aktivität[69] des Lesers steht eine ähnlich gelagerte, bedingte Aktivität des an die Stelle des Autors getretenen Schreibers gegenüber. Der Schreiber schreibt - wie Hayden White es an Roland Barthes anschließend entwickelt hat - im Medium.[70] Medium ist nicht das alte transitive Aktiv, in dem „Dinge über die

---

[69] Sie ist an den Text gebunden und vom Weltwissen des Lesers abhängig.
[70] White (1993, 311ff); Barthes (1970, 142).

Welt erkannt" und ausgedrückt werden. Sprachliche Gebilde sind keine Repräsentationsordnungen der Welt sondern Ausdruck selbstreferentieller Individualität. Ihnen ist ein doppeltes Aktiv eingeschrieben. Zum einen ist der Schreiber an den Akt des Schreibens gebunden, ja, er existiert als Schreiber nur durch diesen Prozeß. Zweitens wirkt der Schreiber auf einen Gegenstand (insbesondere die Sprache) ein. Diese Aktivität ist jedoch nicht ungebrochen. Beim Einwirken auf die Sprache ist der Schreiber an das sprachliche System gebunden. Er kann nur durch und mit der Sprache/Schrift schreiben. Auch der Prozeß des Schreibens an sich ist durch *tun* und *getan werden* bestimmt. Barthes differenziert zwischen *j'ai écrit* und *je suis écrit*. Er sieht eine Analogie zu *j'ai suis né* und *elle est éclose* (Barthes 1970, 143). Die grammatische Kategorie des Mediums kennzeichnet ein doppelgesichtiges Tun. Der Akteur handelt und gleichzeitig wird auf ihn eingewirkt. Er ist in seiner Tätigkeit sowohl prägend als auch geprägt. Exemplarisch für diesen Zustand ist Elfriede Jelineks Selbstauskunft:

> „Ich mache lange Pausen, manchmal monatelang. Dann überkommt micht die Rage, und ich bin wie eine Triebtäterin, ich kann nicht aufhören... Das Schlimmste ist immer das Anfangen, aber irgendwann schreibt sich der Text wie von selbst." (Koelbl 1998, 64f)

Die beiden Seiten - Aktiv und Passiv - sind nicht mehr voneinander zu lösen. „Schreiber bzw. Schreiberin `schreiben sich´ nicht dergestalt, daß das `geschriebene Selbst´ vom schreibenden Selbst´ getrennt werden könnte ... Der/die Schreibende, ihn/sie gibt es nur innerhalb der Schreibtätigkeit." (White 1993, 313) Unabhängig von der Diskussion, ob Barthes` Ansatz ein eher metaphorischer oder präziser wissenschaftlicher ist (vgl. White 1993, 314f) ist in unserem Zusammenhang die Schwächung des schreibenden Subjekts - in bezug auf romantische Theorien vom divinatorischen Autor - und seine gleichzeitige Aufwertung - im strukturalistischen Kontext - bemerkenswert. Subjekt und Schreiben sind synchronisiert, miteinander verkoppelt.

Im nächsten Teil der Arbeit wollen wir unterschiedliche Strategien der Koppelung von Subjekt und Umwelt in der Literatur untersuchen. Ganz eindeutig kann es sich nicht um das heutzutage vielgescholtene Subjekt des 19. Jahrhunderts handeln, jene allmächtige Zentralfigur des abendländischen Denkens, für die gilt:

„The individual or collective subject is clearly indicated as the vital force of history and the novel in this period, as the origin of its own life and actions, a unity (small and large) whose „life" is the matter of history and the novel. The „life" of this subject is assumed to be a continuous, temporal process with a definite beginning and end, and the reçit which narrates this „life" is necessarily one which attempts to be as continuous and uninterrupted as history or „life" itself is assumed to be." (Carroll 1982, 19f)

Dennoch gehen wir davon aus, daß weder das Subjekt ganz ausgetrieben werden kann, noch ein vollständiges Auslöschen von Figuren und Identitäten, wie der angeblich der „Leidenschaft der Beschreibung" frönenden Schule des *Nouveau Roman* zugeschrieben, überhaupt möglich ist.[71] Diese Tendenzen in der Romanpoetik in der Mitte des 20. Jahrhunderts korrespondieren mit strukturalistischen Extrempositionen, die den Tod des Autors und den Tod des Subjekts konstatierten. Hier handelt es sich um gewaltige Pendelausschläge, die - der Wucht des Angriffs auf die Omnipotenz des Subjekts und dessen zunehmender Erosion geschuldet - weit über das Ziel hinausgingen, das in der Destabilisierung sedimentierter Ansichten lag. Aufgrund der verkürzten Rezeption fühlt sich beispielsweise Derrida immer wieder verpflichtet, darauf hinzuweisen, mit der These vom Tod des Subjekts mißverstanden worden zu sein. „The subject is absolutely indispensable. I don`t destroy the subject; I situate it." (Macksey 1970, 271)

Die Intensitäten von Stabilität und Fragilität des Subjekts heißt es zu beobachten. Daher gilt unser Augenmerk den Freiheitsgraden des Figurenensembles im zeitgenössischen Roman. Gleichzeitig achten wir auf

---

[71] Recht aufschlußreich über das verzerrte Verhältnis von Intention und Rezeption ist Robbe-Grillets Argumentation in diesem Punkt: „Da in unseren Büchern keine `Personen´ im herkömmlichen Sinn vorkommen, hat man daraus ein wenig voreilig geschlossen, man treffe darin überhaupt keine Menschen an. Das hieße jedoch, sie aber sehr schlecht zu lesen. Der Mensch ist darin auf jeder Seite, in jeder Zeile, in jedem Wort gegenwärtig. Selbst wenn man sehr viele Gegenstände darin findet... so ist es doch immer und zuerst der Blick, der sie sieht, das Denken, das sie wiedersieht, die Leidenschaft, die sie verzerrt. Die Gegenstände in unseren Romanen haben außerhalb der Wahrnehmung der Menschen, sei diese wirklich oder eingebildet, keine Existenz." Robbe-Grillet (1965, 85). Welch gelungene und präzise Beschreibung des Konzepts von Autopoiesis!

Destabilisierungs- und Ambiguierungsstrategien, die dem Leser multiple Sinnkonstruktionen ermöglichen, ihn aber auch zur Entscheidung zwingen.

Dabei werden wir uns zunächst eng an die Texte halten und die primäre Auseinandersetzung mit dem Text nachzeichnen. Es ist unser Versuch, anfangs soviel Unvoreingenommenheit wie möglich herzustellen.[72] Vorderhand geht es uns um die Herstellung von Sinn innerhalb der und in Auseinandersetzung mit den Texten. Bewußt ausgelassen sind die verschieden intertextuellen Verfahren, derer sich die Autoren bedienen. Sie nachzuweisen hieße, aus der ersten, engen Lektüre herauszutreten und in die Metaebene der Erzeugung von Bedeutung zu gelangen. Das würde den Rahmen der Arbeit sprengen und ginge letztlich an unserer Aufgabenstellung vorbei. Anhand der Verfahren von Parodie, Travestie, Pastiche, Zitat etc. ließen sich zweifellos hervorragend Umschreibungs- und Destabilisierungsstrategien nachweisen. Diese Strategien sind intertextuellem Austausch jedoch von vornherein immanent. Bewiesen wäre nichts anderes als die Voraussetzung. Zudem ist „Intertextualität" mittlerweile zur unbezwingbaren Festung der Theoriebildung erstarrt. Sie ist Endprodukt eines Prozesses der „Verdickung" (Barthes 1974, 64). Wir wollen uns jedoch nicht in solch vorgezeichneten Bahnen bewegen. Interessanter erscheint es, die Aktivität des Lesers unterhalb einer expliziten intertextuellen Ebene nachzuweisen. Um der Falle genormter Bewegung auszuweichen, werden wir auf eine Lektüre beispielhafter „intertextueller" Texte verzichten. Eine ganze Reihe von Werken entzieht sich also unserem Raster; all jene, die vordergründig auf dialogisches Spiel mit anderen Werken abzielen. Genannt seien *Vendredi* (Tournier 1967) in Bezug auf Defoes *Robinson Crusoe* oder Ishmael Reeds *The Free-Lance-Pall-Bearers* (1967) in Bezug auf *Uncle Tom's Cabin*. Aber auch offenkundige Ironisierungen von Mythen und/oder „gesicherten" Fakten der Historiographie zählen dazu: Im Blick auf die Kolonisierung der Neuen Welt John Barths *The Sot-Weed Factor* (1967), auf den amerikanischen Bürgerkrieg Richard Brautigans *A Confederate General from Big Sur* (1964). Bezüglich

---

[72] Welch enge Grenzen dieser Unvoreingenommenheit gezogen sind, belegen - leider - die Anfänge der folgenden Analysen.

der jüngeren Geschichte beträfe das *Vineland* (Pynchon), oder solch mühevolle Wenderomane wie *Helden wie wir* (Brussig 1995) oder *Ein weites Feld* (Grass 1995). Wir wollen uns im Gegenteil mit Werken beschäftigen, die im Fluß des Textes Widerstände produzieren - Texte, die vorderhand auf simple Methoden der Collage verzichten; die Transplantationen derart ins Gewebe des eigenen Textes einfügen, daß sie nicht als Fremdkörper hervortreten. Diesen Texten ist eigentümlich, daß sie aus sich heraus wuchern, Zustände und Prozesse aus dem ureigenen Diskurs heraus generieren. Sie vermögen zu erzählen und nehmen der These von der *Krise des Romans* die Spitze.[73] Aber sie sollten nicht den Erzählgestus des 19. Jahrhunderts restaurieren und eine homogene Welt spiegeln. D.h., sie verzichten auf eine Abbildungsfunktion und leiden dennoch nicht unter artifizieller Blässe. Sie erzeugen mittels ihrer eigenen Komplexität aber eine Realität, besser eine Hyperrealität. Wir glauben, mit *Lust, The Crying of Lot 49 und Die unerträgliche Leichtigkeit des Seins* drei solche Texte gefunden zu haben. Prinzipiell ist diese Auswahl sehr subjektiv. Eine dezidierte Begründung würde dem Anliegen der Arbeit widersprechen, da sie von vornherein den Rahmen eng faßte und die Ergebnisse in unerträglichem Maße vorstrukturierte. Deshalb werden wir in den folgenden Kapiteln in diese Texte hineingehen und dabei versuchen, ihre Strategien herauszuarbeiten. Danach erst werden diese Strategien diskutiert.

Schließen wir die Texte also an die autopoietische Interpretationsmaschine an...

---

[73] Rilke bemerkte vor fast einem Centenium: "Daß man erzählt, wirklich erzählt, das muß vor meiner Zeit gewesen sein. Ich habe nie jemanden erzählen hören." (Rilke 1960, 244) Zwei Dekaden später spricht Jakob Wassermann von der "Periode der Entfabelung". (Wassermann 1926, 140f) Musil sieht die Funktion des Erzählens von anderen Medien übernommen und billigt allenfalls Ideologien narrative Fähigkeiten - und Bedürfnisse! - zu. (Musil 1931, 864) Durchaus anschlußfähig zum Ende des 20. Jahrhunderts.

9. Fragile Netze weben - Subjektkonstruktionen bei Jelinek, Pynchon, Kundera

9.1. Fremde Ketten, eigene Fesseln - Elfriede Jelinek: „Lust"

Elfriede Jelinek ist eine Autorin, die falsche Fährten legt. Der Titel ihres Werkes *Lust* verführt zu folgender Annahme: Es handele sich in den folgenden 254 Seiten um Freude, Genuß und Verlangen, um Begierde und Befriedigung dieser Begierden. Als literarischer Leser wird man doppelte Erwartungen an *Lust* hegen: Man wird eine Fortschreibung jener literarischen Tradition antizipieren, die sich mit den Topoi Liebe und Sexualität beschäftigt; man wird - im Kontext von *Liaisons dangereuses* - an Reiz, Verführung, Subtilität und Raffinesse denken oder - *Tropic of Cancer* oder Anaï s Nins Tagebücher vor Augen - an die alles hinwegfegende Leidenschaft, an glückspendende Köperöffnungen, ans punktuelle Verschwinden von Grenzen, Differenzen, Individualitäten. Oder - als zweite große Gruppe von Erwartungen - wird man eine Verbindung herstellen wollen zu Barthes` Lust am Text und Lust am Lesen. Man wird bereit sein, sich verführen, umgarnen zu lassen, ins Gewebe des Textes zu sinken, angesichts des eigenen Bildes im Spiegel des Textes in Euphorie zu geraten. Versetzt sich der Leser in *Lust*, so wird er sich schnell verwundert die Augen reiben. Die Oberflächenstruktur von *Lust* nimmt keineswegs ein. Sie befremdet, schreckt ab. Der Text ist pseudopornographisch und direkt. Er enthält keine *schönen* Metaphern für das Zusammentreffen und Verschmelzen eines Liebespaares. Ein Drittel des Textes gießt eine Flut von sich selbst um- und fortschreibenden Beschreibungen weiblicher und männlicher Genitalien aus. Der Schwall droht den Leser fortzuspülen. Das erste, kursorische Lesen hält sich an phallischen Hülsen und deren Gegenstücken fest. Das Genital des Mannes taucht u.a. auf als: „ausfahrender Stachel" (LU 14, 20), „Flaschenhals" (LU 17), pures „Geschlecht" (LU 21, 28), „Waffe" (LU 21), „Gebein" (LU 25), „Ungefüge, Gemächte, elektrische Leitung" (LU 26) „Staubsack" (LU 27), „ruhiger Binkel, Lendenwagen, Genitalienhaufen, spuckender Spender" (LU 32), „Karren, wohleingerichtete Eichel" (LU 33, 58), „Rute, Büchsenöffner" (LU 37, 39), „schwere Maschine" (LU 58). Dreierlei fällt an der Metaphernwahl auf: (1) Die meisten der gewählten Bilder zeichnen sich durch Starre, Festigkeit und Unverletzlichkeit aus. (2) Sie sind als aggressiv, interventionistisch und verletzend konnotiert. Dieser Aspekt tritt bei der Wahl der Verben noch deutlicher hervor. „Er spaltet ihr den Schädel über seinem Schwanz." (LU 17), „Er stopft sein Geschlecht in die Frau." (LU 21). (3) Sie haben pejorativen Charakter, indem sie in die Nähe des Verfalls gerückt (Staubsack) oder als mechanisch, automatisch, unbelebt klassifiziert werden (Lendenwagen, Spender, elektrische Leitung...). Sie sind maschinelle Elemente, Teile einer Apparatur.

Ähnlich maschinell wird der Frauenkörper seziert. Alle Öffnungen sind hier - potentielle - Genitalien. Auseinanderzureißende „Fut" (LU 16, 41), „Portal" (LU 25), Sparbüchse" (LU 31), „Hintertüren, Kofferraum" (Lu 32), „Öse" (LU 37), „Klomuschel" (LU 38). Aber sie sind verborgen, hinter „Kleidung" (LU 16), „Gebüsch, Laub, Zweigen" (LU 25). Da muß der Mann erst hindurchdringen, muß die Frau oder Teile von ihr „auseinanderreißen" (LU 16), „ausbreiten" (LU 18) „auseinanderwerfen" (LU 24), durch die Kleidung „hindurchprasseln" (LU 24), „aufreißen" (LU 25), bevor er „weiden" (LU 18), „sich entleeren, abladen" (LU 16, 21), „hereinfahren" (LU 20), „einsteigen" (LU 25), „sich hineinzwängen" (LU 24) kann. Die Frau wird als Gefäß gebraucht, als „zu bestellendes Feld" (LU 20), als „Sammelbecken" des Mannes (LU 25). Der Frauenkörper wird als (1) bedeckt, verborgen und potentiell verform- und penetrierbar dargestellt. Er ist (2) passiv und verletzbar. (3) Gleich dem zum Phallus reduzierten maskulinen Körper wird der sexualisierte feminine in den Bereich der Mechanik gerückt, ist hier allerdings auf ineffektiv geschützte Öffnungen mit anschließenden Behältern verkürzt.

Die Schlußfolgerung scheint klar: Jelinek hat einen politischen Text geschrieben, hat gewissermaßen den Antipatriachalitätsdiskurs illustriert und das Verhältnis der Geschlechter nach dem Muster Aggressor-Opfer, Machthaber-Machtobjekt abgebildet.

Dieser Schluß ist unzutreffend. Denn es handelt sich nicht um einen Text, der versucht, eine Welt, einen Diskurs abzubilden. Jelineks Sprachbilder sind keine metaphorischen Umschreibungen von Dingen oder Prozessen. Es geht ihr nicht um rhetorische Figuren. Sie spricht direkt, sie transportiert nicht Beschreibungen männlicher Genitalien in einen anderen Gegenstandsbereich, um „Wissensbestände zu rearrangieren".[74] Jelinek öffnet nicht einen erweiterten Raum von Bedeutungen. Ihr Verfahren ist keines der Abbildung, auch keines von Parodie und Travestie. Jedenfalls wäre es zu kurz gefaßt, wollte man Jelineks Prosa lediglich als - intendierte - Subversion und Zertrümmerung von Trivialmythen und sozialer Realität beschreiben. Natürlich könnte man anhand der Thematik von *Lust* mentale und kulturelle Strukturen einer alpinen Provinzwelt rekonstruieren. Rückschlüsse auf Geschlechtervältnisse, soziale Differenzierungen und Machtmechanismen sind möglich. Die Texte sind politisch.[75] Aber sie bewahren ihren eigenen Sinn, behaupten ihre ästhetische Form. Jelinek entwickelt ihren Text aus dem Text heraus. Es handelt sich nicht in erster Linie um die Umsetzung etwaiger Thesenpapiere. Wort ergibt sich aus Wort. Semantische Verschiebungen innerhalb des Satzgefüges sind Resultat von Doppeldeutigkeiten einzelner Wörter. Fährten werden angelegt, wieder abgebrochen und erneut aufgenommen, bis sich ein wucherndes Netzwerk fluoreszierender Bedeutungen herauskristallisiert. Wie in einem magnetischen Feld sich die Teilchen abhängig von ihrer Ladung an- und abstoßen, beschleunigen und bremsen, so stoßen die Zeichen aneinander, de- und resemiotisieren sich. Natürlich entsteht eine Struktur, die jedoch

---

[74] Frieling (1996, 98). Vgl. auch Frieling (1996, 18, 21). Sie operiert hier dialektisch, nach dem Muster These-Antithese-Synthese. Tenor- und davon abgesetzter Vehikelterm ergeben demnach in der Synthese ein neues Verständnis, das auf beide auch zurückstrahlt.

[75] Erfolgt die Lektüre anhand politischer Dispositionen der Leser, so werden diese ihre paradigmatischen Voreinstellungen im Prozeß des Lesens - und im Text - wiederfinden. Deshalb entbehren materialistisch, feministisch oder medienwissenschaftlich angelegte Untersuchungen nicht einer gewissen Berechtigung. Ober sie sind vorurteilsbehaftetes Lesen; sie gewähren nur einen von der Fragestellung her definierten Ausblick auf Jelineks Prosa. Vgl. Vis (1998), Barrett (1980), Fischer (1997), Luserke (1993) Jelinek selbst bedient in diversen Selbstzeugnissen sowohl eher ästhetisch als auch eher politisch motivierte Lektürestrategien und inszeniert eigenhändig das Spiel der diversen Perspektive. (Vgl. Lehmann 1985,) Eine Diskussion dieser Modi von Selbstinszenierung muß hier unterbleiben, da es eben gerade nicht unser Interesse ist, der Intention von Autorinnen und Autoren nachzuspüren.

Von einer Darstellung deformierter Figuren, wie sie Brunner (1997, 1f) beobachtet, kann ohnehin keine Rede sein, denn Jelinek enthält sich stringent einer Positivkonstruktion von Form, eines idealen Bildes, von dem eine *De*formation erst auszugehen hätte.

nur eine Momentaufnahme ist - abhängig vom Faktor Zeit, also vom jeweiligen Augenblick der Lektüre. Der Text entzieht sich der Differenz von Signifikat und Signifikant. Das sprachliche Material verweist auf nichts. Es ist da. Es spielt nicht im Bereich des „Als ob", hinter dem das Signifikat noch dämmern mag. Solch Bezeichnetes existiert nicht, allenfalls sind Genitalien und Restkörper *gezeichnet*. Alles Fleisch *ist* Maschine, ist - domestizierte - maschinelle Natur und Kultur in einem.[76] Die Sprache ist direkt. Sie spielt mit sich selbst, erzeugt sich selbst; sie besteht aus flottierenden Signifikantenketten in Abwesenheit eines Signifikats.

Der Befund korreliert mit Jelineks metatransitiven Ansatz des Schreibens. Sie produziert keine Texte, sie schwärzt Papier[77] und schreibt im doppelten Aktiv des Medium. Jelineks Schreibtätigkeit pflanzt sich in gewissem Maße selbst fort. Der Prozeß verselbständigt sich, ungehemmtes Fabulieren breitet sich aus. Worte erzeugen Anschlußworte, verdoppeln sich, schieben sich ineinander. So wird aus dem Reisepaß des nach dem Bilde des Vaters geformten reise- und sportfreudigen Sohn der „Reisespaß" (LU 38). Die Frau, erst eine befahrene Straße, wird zum Fahrzeug und schließlich - wie ein Motorenteil mit Öl - mit Sperma eingeschmiert (LU 39). „Wegputzen" spaltet sich im nächsten Satz in seine beiden Bedeutungen „herunterschlucken" und „säubern" (LU 40). Ein Satz wird gesetzt - und enthält schon den Anfang des nächsten: „Der Direktor ist so groß, daß unmöglich an einem Tag um ihn herumgegangen werden kann. Dieser Mensch ist nach allen Seiten hin offen, aber vor allem nach oben, wo Regen und Schnee herkommen." Dann wird weiter am Bild gestrickt: „ Er hat keinen über sich..." - und kurz darauf ein Bedeutungswechsel vollzo-

---

[76] Das "schöngewachsene Mädel Natur" (LU 49) interessiert nur in seinem Gebrauchswert. Man muß kulturelles Kapital daraus schlagen können (betrachten und zeigen), energetisches (erholen), sportliches (Ski fahren) und sexuelles (begatten). Als reine, zweckfreie, der Kultur entgegengesetzte Größe interessiert diesen Text (*Lust*) Natur genausowenig wie einer patriarchaler und anderer gesellschaftlicher Bedingungen enthobene Frau.

[77] Vgl. Foucaults Bestimmung der "radikalen Intransivität" modernen Schreibens. (Foucault 1966, 313) sowie Riedle (1993, 95) Leider gerät Riedle hier in Jelineks ideologische Falle. Denn weibliches Schreiben als "dekorative Wortvermehrung" ist nichts anderes als die Reproduktion macht- und genderpolitischer Dichotomien, gegen die sich Jelinek - sie als rhetorische Waffe gebrauchend - wendet.

gen: „...nur den Mutterkonzern, vor dem sich sowieso niemand schützen kann." Schutz ist das Stichwort, das Reizwort zur Fortsetzung, das dieses Textstück wieder mit dem träge dahinfließenden Strom des durch den Titel signalisierten Hauptthemas verbindet: „Doch vor der scharfen Seite der Frau kann man seinen Hahn unbesorgt öffnen und abspritzen." (LU 56) Ein beliebiger Griff in den Text gäbe Belege für diese Methode des sich selbst generierenden Textes. Jelinek spielt mit der Sprache, schafft multiple Verbindungen, einen endlosen Strom von Mehrdeutigkeiten. Hier entsteht keine Lust, kein behagliches Zurücklehnen im von gebändigter Erotik angewärmten Interieur. Gepflegte Bilder der Lust, Bekanntes und Erwartetes wird hinweggespült. Nicht zugunsten eines Pornos, des ersten weiblichen gar, wie die Rezeptionserwartung von *Lust* zumindest im deutschen Sprachraum war.[78] Trotz pornographischer Sprachregister ist *Lust* kein Porno. Die diesem Text eigentümliche Konsequenz der ständigen Verfügbarkeit und immanenten - post-Viagra-artig erscheinenden - Bereitschaft findet sich im trivialen Genre des pornographischen Romans oder Films nicht. Zu nackt, zu stählern tritt in *Lust* die Apparatur des Begattens zutage. Da ist kein Begehren mehr, keine Verführung, keine Erlangung des Einverständnisses mehr, wie sie - wenn auch in meist rudimentärer Weise - in den meisten pornographischen Produkten (hierin durchaus noch in den semantischen Bahnen erotischer Literatur befindlich) üblich ist. Jelinek rückt die Apparatur der Ehe als Dispositiv der Macht (nicht als Kampfarena der Geschlechter) ins Zentrum; traditionelle pornographische Szenarien wie Partnertausch, Gruppensex, Fremdgehen interessieren kaum. Nicht der Ausbruch aus frustierenden sexuellen Ver-

---

[78] Dieser Tenor zieht sich durch alle Aufsätze zu *Lust*; der Buchmarkt (inklusive sich selbst inszenierender AutorInnen) mit seinen Promotionapparaturen ist eben doch unentrinnbare Falle - sowohl fürs "gemeine" Publikum als auch die Spezialisten in Redaktionen und Instituten. (Vgl. Pichler (1997, 87), Reitani (1997, 54f), Reinberger (1997, 117), Isenschmid (1989)). Riedle versucht den Porno-Verdacht ganz amüsant mit einer Courths-Mahler-Intertextualität zu entkräften - bloß hätte der "Frauenroman"-Verweis nicht des argumentativen Abstechers zum Porno bedurft. Riedle (1993, 98f) Nur Luserke zitiert nicht einfach die Stichworte "Porno" oder "Antiporno", sondern setzt zu einer kurzen Kritik an. Luserke (1993, 60f). Ganz merkwürdig wird es, wenn Rezensenten sich beim verschämten Hinweis auf das Skandalon noch zu verstecken glauben müssen. Klaus-Peter Philippi wagt im *Rheinischen Merkur* "Onaniervorlage" und "one-hand-book" nur als Zitate von Arno Schmidt einzuschleusen. (Philippi 1989)

hältnissen, die die Pornoindustrie suggeriert, ist das Thema von *Lust,* sondern dessen Gegensatz: Routinierte eheliche Vergewaltigung, der Gleichklang trotz Stellungswechsels, die selbstverständliche Machtausübung. Zweitens ist der Wechsel der Sprachregister und semantischen Felder (Volkswirtschaft, Natur-Kultur, Technik, Konsum) porno-unüblich. Und drittens die Sprache zu spröde. Zu klirrend prallen Wortwurzeln aufeinander, umschlingen, entwerten, (über-)determinieren sich. Zaghaft erst läßt man sich einfangen von der Virtuosität der Sprachspiele; man folgt unerwarteten Wendungen und Windungen, giert nach den Fortsetzungen und ist plötzlich dabei, so wild und wollüstig zu semiotisieren, die Feigenblätter des eigenen Denkens zu perforieren und vielleicht sogar aufzugeben - ganz so, wie es Barthes für den Text der Wollust fordert.

Vor allen Dingen ist *Lust* eines: ein Text über Machtverhältnisse, über Einschreibeprozesse der Macht, über das Wirken eines Disziplinarsystems, an dem alle beteiligt sind (Foucault 1976, 121). Jelinek läßt Gewalten wirken, die so unpersönlich, so prä-individuell daherkommen, daß ihre Wirkungsweise archaisch zu nennen ist; geradezu mythisch. Dennoch fällt Jelinek nicht ins mythische Denken zurück. Der Eindruck kann entstehen, weil die Autorin entschlossen auf ein elementares Konzept abendländischer Geistesgeschichte verzichtet: das Ideal des freien, sich selbst - seiner Identität - bewußten Individuums. „Lust" enthält sich einer klaren Figurenkonstellation. Gut, es gibt Hermann - den Gott -, Gerti - seine Frau -, ihren gemeinsamen Sohn sowie Gertis Liebhaber Michael. Aber sie sind keine Figuren im herkömmlichen Sinne, sondern Variablen einer Machtkonfiguration. Ihnen ist das Individuelle ausgetrieben worden, sie sind Agenten einer Struktur, Elemente einer Matrix. Sie verfügen nicht über ein Gesicht oder über eine Form - sie sind lediglich Ausformungen des Prägens und Empfangens, des Aktivs oder Passivs.

Jelinek entwirft diese Grundkonstellation - die, wie sich zeigen wird, über den antipatriarchalen Dikurs hinausgeht - schon in den ersten Absätzen. „Vorhängeschleier spannen sich zwischen der Frau in ihrem Gehäuse und den übrigen, die auch Eigenheime und Eigenheiten besitzen." (S. 7) Die Frau ist jene, die wartet, die herausgehoben und aufgehoben ist, um eine besondere Rolle zu erfüllen. Sie zählt mehr als alle anderen, ausgenommen der Mann. „Der Mann wird nicht mitgezählt unter den Bewohnern, er zählt allein." (S. 8) Hermann ist der Mittelpunkt dieses Universums in den Bergen, der ewige Vater aller. Neben der Papierfabrik, die über das Überleben der einzelnen Familien entscheidet, leistet er sich - aus göttlichem Willen, um mit sich selbst dirigieren zu können - noch einen Chor. Daneben, außerdem, hauptsächlich leistet er sich die Frau, die er extra aus der Stadt mitgebracht hat. Sie dient verschiedenen Funktionen; in der Reihenfolge des Auftauchens im Werk Repräsentation, Kinderaufzucht, Machtbestätigung und sexuelle Befriedigung. Hermanns Handlungen geschehen stets im Aktiv. Er fragt, sagt, drückt, zieht, steht, singt, spielt, schreit, fickt... Die Handlungen der Frau sind - bezogen auf den Mann - meist im Passiv oder in den Modi der Abwehr und Verpflichtung. „Die Frau ist aus der Stadt hierher gebracht worden." (LU 8) „Die Frau öffnet den Mund, um ihm abzusagen. Sie denkt an seine Kraft und schließt den Mund wieder." (LU 16) Sie reißt „ihren Körper eng an sich, damit die Sinne des Mannes nicht auf den Geschmack kommen." (LU 12) Sie „haftet mit ihrem Leben dafür, daß alles klappt und sie sich wohlfühlen aneinander." (LU 10) Bezogen auf das Kind tritt sie in eine aktive Haltung. „Die Frau spricht zu ihrem Sohn... Sie ist besorgt um ihn, schützt ihn mit ihren weichen Waffen." (LU 11) Sie möchte ihm, so deutet Jelinek an, ein Leben ohne Geräte, ohne Arbeit, Sport und Spiel (LU 7f, 12, 254), ohne phallisches Schwellen und Wachsen, ohne technische Reproduzierbarkeit (LU 9) geben. Aber dieses Ideal ist unausgeformt, bleibt illusionär. (Nicht einmal ihr eigenes Leben kann sie nach anderen Prinzipien organisieren, wie die Michael-Episode zeigt.) „Sie kann ihrem geliebten Kind gegen dessen Vater nicht beistehen, denn der Vater hat schließlich den Bestellschein für die Extras wie Musik und Touristik ausgefüllt." (LU 85) Der Einfluß der Mutter - als der väterlichen Verwertungslogik entgegengesetztem Prinzip - ist, kaum aufgetaucht, schon im Schwinden begriffen. Die Götzen, die der Vater anbetet und in deren Lehre er den Sohn mitnimmt, sind stärker. In den Augen der Mutter verflüchtigt sich schon von Beginn des Textes an das Bild des Sohnes. „Jeden Tag scheint er ein wenig mehr zu sterben." (LU 12) Die Enttäuschung der Mutter wächst. „Nein, diese Frau irrt sich nicht, dieses Kind hat sie längst verloren, bis es reift, und dann ist es fort." (LU 38) Letztlich vermag sie sich nur dem schon verlorenen Kinde auch physisch zu entledigen (LU

254f). Die Schreiberin läßt offen, ob diese Tat, der Rücktransport des Kindes in die unendlichen Fluten des (Frucht-)Wassers, eine Befreiung ist. Die Tat gewährt lediglich einen Aufschub (LU 255).[79]
Vor diesem - finalen - Schritt ist Gerti Komplizin Hermanns. Sie diszipliniert den Sohn, lockt ihn, überzieht „ihn beschwörend mit einer Decke aus Essen" (LU 12). Sie möchte ihn formen, erziehen, die Macht der Mutter ausüben. Sie sorgt nicht nur qua Gebärtätigkeit für die Fortsetzung des Hermannschen Geschlechts, sondern auch per Alltagsroutine richtet sie den Sohn zu. „Daß die Kinder bestehen und wie von selbst ablaufen, wie die Zeit, dafür sind die Frauen verantwortlich, die das Essen in ihre kleinen Ebenbilder oder die ihrer Väter stopfen und zeigen, wo`s wieder hinausgeht." (LU 85) Gerti ist noch umfassender in dieses System verstrickt, denn als Leiterin einer „wöchentlich stattfindenden wohlgebauten Tanz- und Rhythmusgruppe" taktet sie neben ihrem Sohn auch andere Kinder ein - „die als Hobby dieser Frau ... gezüchtet" wurden. Alle sollen lernen, Takt zu halten, in der Reihe zu bleiben, nicht auszuscheren (LU 63f). Gleichzeitig sichern die Kinder mit ihrer Teilnahme an den Kursen die Arbeitsplätze der Väter (LU 86). Hermann wiederum weiß seine Frau beschäftigt und vor dem Zugriff anderer Männer geschützt, solange die Kinder um die Frau sind. Nicht zuletzt sind die Kinder neues Frischfleisch für Hermann. Der „nimmt die kleinen Mädchen auf den Schoß, spielt mit ihren Rocksäumen und puppigen Teewärmerkleidchen, in deren Wasseruntiefen er noch nicht recht zu waten wagt." (LU 86) Die Präsenz dieser Kinder wie auch des eigenen gewährt der Frau jedes Mal einen Aufschub vor den Zudringlichkeiten des Gatten. Besonders der Sohn ist „das einzige Schutzhäuschen gegen die Untergriffe des Mannes" (LU 28). Der kann in die Frau nicht vor den Auges des Kindes „einziehen" (LU 27). Zwar ist das Kind nach dem Bild des Vaters gestaltet: „Über diese Frau hat der Mann sich weitergegeben an die Ewigkeit. Diese Frau ist mög-

---

[79] Betrachtet man allerdings das dem Roman vorangestellte Motto "Tief in versenktem Raume/trank ich vom Freund... Als ich zum Tag mich wandte,/war bis zum fernsten Saume/kein Ding, das ich noch kannte/-die Herde war entrückt, mit der ich rannte. (Johannes vom Kreuz)" und die abschließenden Worte "Aber nun rastet eine Weile!", dann läßt sich konstatieren, daß Jelinek einen Ausbruch aus dem alternativlosen *Lust* durchziehenden Machtgefüge, eine Flucht aus dem hermetischen Raum der Herde für möglich hält.

lichst guter Herkunft gewesen und hat sich ans Kind weitergegeben. Das Kind [...läßt] sich nichts gefallen von den Freunden, die es, einstimmig, als ihre Leiter in den Himmel der Vollbeschäftigung gewählt haben." (LU 10) Der Sohn hat im Umfeld seiner Freunde die gleiche Alphaposition einzunehmen wie der Vater, soll hereinwachsen in dessen Rolle. Es wird vorbereitet, nach „Papas Vorbild im Reisespaß [aufzugeigen]" (LU 38). Der Sohn „ist die neueste Ausgabe eines hellen Gestirns, ... eine Formulierung seines Vaters" (LU 64f). Wie der Vater auch auf kulturelles Kapital aus ist - „Die Bergsöhne schlafen manchmal schon um acht Uhr abends, während der Direktor mit geschickten Händen noch einmal Kunst in seinen Motor füllt." (LU 12) - wird ebenso der Sohn vors Joch der Kunstproduktion für den Hausgebrauch gespannt: „Und der Vater legt ihm die Geige an, daß die Schaumflocken vom Gebiß sprühen." (LU 10) Gleich dem Manne soll der Sohn sich der domestizierten Wildheit des Sports, dieser Lehre der Härte und Unempfindlichkeit, Schule des (Über-)Lebens hingeben (LU 8, 10, 63f). Aber eines darf es nicht: der Mutter beiwohnen oder Zeuge sein, wie Hermann die Frau einschmiert (LU 39). Nicht unterliegt der Sohn dem Inzestverbot, sondern das Abbild darf nicht an die Stelle des Originals treten. Das Kind weiß darum. Es hat gelernt, sich Schlüssellöcher an zu halten, „durch die es die Wonnen der Wohnung auskundschaftet" (LU 28). Es vermag auf heimlichen Wegen dem Vater nachzufolgen, „sich an die Frau kleben, an ihr weiden, sie in die Brustwarzen beißen zur Strafe, daß vorher der Vater ihre Tunnels und Röhren ausweiten durfte" (LU 28). Der Sohn kennt seine - offizielle - Machtposition, vermag sie auszunutzen. „Das [Kind] überlegt inzwischen ein Geschenk, das es gekauft haben möchte, um von den zusammengepflockten Eltern nichts Heimliches gesehen zu haben. In jedem Geschäft, das es erblickt, will dieses Kind ein Stück Leben frisch ... herausgeschnitten bekommen." (LU 40) Mit diesem Vertrag, dem unermüdlichen Stillen von Bedürfnissen, ist es an die Eltern gebunden. Wegsehen wird belohnt. „Das Kind gibt vor, nichts verstanden zu haben, es ist doch selbst schon wählender, wühlender Konsument. Wie Blätter wehen in seinem Gedächtnis die Bedürfnisse, verwöhnt ist sein Geschmack von den unsterblichen Bildern in den Sport Katalogen der Sportgeschäfte... Es gehört alles ihm und und seinen lieben Eltern, denen wiederum das Kind gehört. ... Das Böse Vater zu nennen, hat das Kind schon gelernt, aber der Papa kauft immerhin und immerdar die Warenkörbe, die Fettsäcke und hält den Sohn an goldene Seile gebunden. [...Das Kind] liest den Eltern eine Wunschliste voller miteinander konkurrierender Gegenstände vor." (LU 54)

Für die Kennzeichnung der Beziehungen innerhalb der Familie wählt Jelinek das Bild des Vertrages, besser: des Komplement eines Vertrages. Vielfältige Verhältnisse dieser Art bestehen. Sie sind nicht statisch, sie durchlaufen und prägen die Beziehungen. Sie müssen - obgleich zur Gewohnheit geworden - immer wieder neu ausgehandelt werden. In der Mikrostruktur dieser Familie des ausgehenden 20. Jahrhunderts wirken die Verhältnisse, die Foucault in der Gesellschaft des 19. Jahrhunderts sich herausbilden sieht:

> „Im 19. Jahrhundert ist der Vertrag die juristische Form, gemäß der die Besitzenden sich untereinander verbinden. Er ist die Form, die das Eigentum eines jeden garantiert... Der Vertrag ist das Band der Individuen, sei es zu ihrem Besitz, sei es der Individuen untereinander durch ihren Besitz... Gewohnheit ist das Komplement des Vertrages für die, die nicht durch Besitz verbunden sind. So fixiert der Apparat der Beschlagnahme die Individuen an den Produktionsapparat, indem er vermittels eines Spiels von Zwängen, Lehren und Strafen Gewohnheiten produziert. Dieser Apparat muß ein Verhalten fabrizieren, das die Individuen charakterisiert, er muß einen Nexus von Gewohnheiten schaffen, wodurch sich die soziale Zugehörigkeit der Individuen zu einer Gesellschaft bestimmt, das heißt er fabriziert so etwas wie eine Norm." (Foucault 1976, 121f)

Nicht nur zwischen Kind und Eltern existiert diese normierende Beziehung, dieses Geflecht aus Gewohnheiten, Gefälligkeiten, Belohnungen, Bestrafungen. Auch Hermann und Gerti sind derart aneinander gebunden. „Er ist mit ihr eine lebenslängliche Gruppe." (LU 30) Damit er, und nur er, Gerti besitzen und gebrauchen kann, muß er sie einsperren, hinter Vorhängeschleier, in Eigenheime. Nur angeleint kann sie Freizeitbeschäftigungen nachgehen, angebunden an Kinder, Nachbarn, Geld, Auto. Letzteres ist ein kleineres Modell als das Hermanns. Es darf nur in der von ihm, seinem Auto, gezogenen Spur fahren (LU 26). Er benötigt sie jedoch auch als Pflegerin seines Heimes (LU 25) repräsentative Figur in der Öffentlichkeit. Deshalb muß er sie herauslassen und sie erhalten, sie sich selbst durch Partizipation an der Konsumgesellschaft reproduzieren und regenieren lassen (LU 45f). Sie muß öffentlichen ästhetischen Kriterien genügen: die bestangezogenste Frau im Ort sein; (LU 57) aber auch den privaten Vorlieben Hermanns, d.h. den intimen, von der Sexindustrie vorgebenen, entsprechen (LU 35). Und, diesmal gegen den Mainstream gerichtet, die Allmacht des Potentaten unterstreichend: Sie muß ihm ganz gehören, mit allen Körperflüssigkeiten und Gerüchen (LU 56f). Hermann ist kein Triebtäter, kein Mann mit unerschöplicher fleischlicher Begierde. Er gebraucht Gerti nur, muß täglich seine Macht aufs Neue bestätigen, sie neu erobern. Zwar ist sie vertraglich gesichert, bedarf jedoch der stetigen Erneuerung. Sie muß dennoch permanent bewiesen, behauptet, exekutiert werden.

Gerti ist nicht nur Opfer. Sie agiert als Täterin gegenüber dem Kind (s.o.) und auch gegenüber dem Mann. Sie ist seine Begrenzerin, hält Hermann an die Familie gefesselt, verhindert sein Ausbrechen aus der Ordnung, (LU 24) bewahrt ihn auf (LU 217).

Jelinek stellt sie nicht dem Körperpanzer des Mannes als unschuldige „weiche Stofflichkeit"[80] gegenüber. Zwar ist der Körper der Frau häufig mit der Natur entlehnten Bildern beschrieben - und weniger häufig in der Metaphorik des Maschinellen wie noch beim Mann - aber Natur ist bei Jelinek nicht wild, unberührt, unschuldig. Sie ist tot - wie die Lebensmittel im Supermarkt, (LU 74) geglättet, in die Schranken gewiesen (LU 84). Sie interessiert nur in ihrem Gebrauchswert - als Skipiste und Rohstoffreservoir.

Selbst Gertis Ausflug in die - ihr fremde, keineswegs „natürliche" - Natur, ihr Ausbruch mit dem Studenten Michael, ist nur ein Wechsel der Benutzeroberfläche. Es ist kein Leben, kein Ausweg. Die Deckung ihrer wohlgeordnete Verhältnisse aufgebend (LU 63) bietet sie sich an (LU 73). Zufällig ist es Michael, ein jüngeres Modell Hermanns, auf das sie stößt. Beider Defizite ergänzen sich trefflich für einen Moment (LU 98). Aber Gerti hat nur eine Fessel gegen die andere getauscht (LU 101). Ihre Träume waren illusionär - und gleichfalls von Ökonomie bestimmt (LU

---

[80] Yvonne Spielmann läßt sich zu solch simpler Dichotomie herab: Frau=Natur, Mann=Naturzerstörung. (Spielmann 1991, 32).

102). Sie, die ihrerseits Michael zur eigenen Verjüngung benutzen wollte (LU 97), wird von diesem weggeworfen wie ein veraltetes Produkt und an seine Nachfolger zu deren Gebrauch weitergeleitet (LU 189ff).

9.2. Lost in plot - Thomas Pynchon: „The Crying of Lot 49"

Auch Thomas Pynchon legt zu Beginn falsche Fährten. Er inszeniert den Anfang eines *Roadbooks*: Seine Protagonistin Oedipa Maas bricht auf in die unendlichen Weiten Kaliforniens. Sie entflieht ihrem Rapunzelgleichen Turm, versucht den Zauber, der sie gefangen hält, zu brechen (LOT 12f). Die langjährige Hausfrau läßt ihren Mann, ihre Welt, die Partys, ihr Haus und ihren TV-Apparat zurück. Sie erobert die Straße, zieht in Motels, beginnt eine neue sexuelle Beziehung, trifft mit umherstreifenden Musikern und anderen nomadischen Existenzen zusammen - sie führt sich die wichtigsten Ingredenzien der von der *beat generation* wieder aufgewärmten Klischees des amerikanischen Traums von der Mobilität zu. In lockerer Gemeinschaft unternehmen Oedipa & Co. Ausflüge, stehlen Transportmittel, feiern Orgien (LOT 14-43). Oedipa wird sich in gewissem Sinne wieder ihrer selbst bewußt; sie nimmt ihr Leben wieder wahr. Dieser Ausbruch währt nur kurz. Quantitativ nur über anderthalb von sechs Kapiteln. Danach ist sie einem neuen, viel komplexeren, äußerst rätselhaftem System von Abhängigkeiten und Gefährdungen unentrinnbar ausgesetzt. Letztlich bleibt sie, was sie schon zu Beginn war: eine „Frau ohne Eigenschaften". Sie hat längst kein Ziel mehr, nach dem sich zu streben lohnte. Sie ist anpassungsfähig, Vorlieben und Abneigungen sind austauschbar. Ihre Vita weist keinerlei Ausbruchsversuche auf. Die voreheliche Beziehung mit dem millionenschweren Pierce Inverarity ist folgenlose blasse Erinnerung. Ihr Studium absolvierte sie vor den rebellischen 60er Jahren in einem schläfrigen Nest (LOT 71). Sie hat sich in einen belanglosen Alltag eingesponnen, der gekennzeichnet ist von *Tupperware parties*, psychotherapeutischer Behandlung und dem ehelichen Alltag mit dem Radio-DJ Wendell „Mucho" Maas. Ihr Leben versickert; es läuft dahin wie ein endloser, unscharf eingestellter Film (LOT 12). Sie fühlt sich als Gefangene, besitzt aber nicht die Kraft auszubrechen und wartet auf den strahlenden Ritter, der sie befreien möge. Oedipa ist sich bewußt, nicht die Akteurin ihres Lebens zu sein. Insofern ähnelt sie Gerti, die ebenfalls in ein nicht hintergehbares Gefüge aus halb konsensuellen Gewohnheiten gesperrt war. *Lust* jedoch bricht dort ab, wo Gerti den vagen Versuch unternimmt, den Mechanismus anzuhalten, wo sie rastet, um den Machtstrukturen, die der Text entfaltet hat, zu entkommen. *The Crying of Lot 49* beginnt an diesem Punkt. Weniger noch als Gerti, die das ihr entglittene Kind eigenhändig ins Wasser befördert, ist Oedipa als eine Handelnde oder Initiatorin zu bezeichnen. Sie wird, wie alle Figuren Pynchons, bewegt, gelenkt, getrieben. Die Interventionen kommen von außen. Oedipas *Run* wird angefangen. Auf ihrem gesamten Weg bleibt sie Spielball äußerer Einflüsse. Ihre Bewegung ist nicht selbstbestimmt; sie wird durch einen Brief initiiert, der sie zur Testamentsvollstreckerin des lange vergessenen Pierce Inverarity erklärt, (LOT 5) und durch eine Folge von anderen Informationen vorangetrieben: zwei weitere Briefe und ein Zeichen auf der Toilette (LOT 29, 34). Oedipa vermag diese fremdbestimmte Bewegung nicht zu genießen wie die mobilisierten Aussteiger in Pirsigs (1974) oder Kerouacs () halbautobiographischen Texten über die rebellischen Fünfziger Jahre.

Sie ist nicht Akteurin dieser Bewegung, sondern eher ihr Objekt. Überwältigt und überfordert (LOT 7, 29, 56) sucht sie Hilfe bei vertrauten Ritualen: „Oedipa stood in the living-room, stared at by the greenish dead eye of the TV tube, spoke the name of God, tried to feel as drunk as possible. But this did not work." (LOT 5) Pynchon zitiert hier die Schutzheiligen der modernen infantilisierten Kultur: TV als dominierendes Medium, Religion als retardierte, aber für Notfälle reaktivierbare Zufluchtsstätte und Trunkenheit als pragmatisch-alltägliche Ausflucht vor der Verantwortung des eigenen Tuns. Aber auch andere - bedingt verläßliche - Instanzen wie ihr Mann und ihr Anwalt versagen Oedipa substantielle Unterstützung. In ihrem Verlorensein unterscheidet sich Oedipa von jenen Helden der Beat-Generation, die ihre Freiheit im Umherschweifen suchen. Es mangelt Oedipa an einem mobilen Rückzugsraum, einem schützenden Gehäuse, das sie von der Umgebung abkoppelt und sicher Distanzen überwinden hilft. Sie kann sich nicht eines herrenlosen Netzes bedienen, wie es die verkehrstechnische Infrastruktur darstellt. Insofern ist *Lot* kein *Roadbook* mehr. Das zentrale Thema ist nicht modernes autonomes Nomadentum sondern die umfassende Verstrickung in Netzwerken.

„"...everything she saw, smelled, dreamed, remembered, would somehow come to be woven into The Tristero." (LOT 56)

Die Art von Energie, die sie aus dem Gleis ihres bisherigen Lebens wirft und sie weiter durch Südkalifornien treibt, speist sich aus Informationen. Es handelt sich um Zeichenverschiebungen: der Dämpfer am Posthorn der Thurn und Taxis, der das Emblem des alternativen Kurierdienstes namens Tristero ist; Variationen von Versen in verschiedenen Ausgaben eines Theaterstücks; Buchstabendreher, die aus *postmaster potsmaster* machen; Modifikationen von Briefmarken... Besonders deutlich wird der Einfluß von Medien im Zusammentreffen eines der menschlichen Akte schlechthin mit außergewöhnlichen elektrischen Zuständen: „Her climax and Metzger's, when it came, coincided with every light in the place, including the TV tube, suddenly going out, dead, black. It was a curious experience." (LOT 27) Pynchon enthält sich jeden Kommentars hinsichtlich der Determination des einen Zustandes durch den anderen. Die Kausalketten sind getrennt, die Prozesse laufen unabhängig voneinander ab. Aber sie berühren sich. Sie sind übereinander gelegte Folien, die sich gegenseitig beeinflussen, die ihre Oberfläche und Struktur verkehren und sich ins Unendliche multiplizieren können. Den ersten Hinweis gibt schon der Name des abwesenden, weil toten, Pierce Inverarity - jenes Mannes, der durch sein Testament die Handlung erst ins Rollen bringt und als *ghost in the machine* wirkt: *Inver*arity ist ein Neologismus mit der Wortwurzel *invers, inverted* und eine Mutation von *Veracity* und *Variety*.

Pynchon operiert permanent mit der Verknüpfung scheinbar zusammenhangloser Punkte. Sein Text generiert ein sich in Zeit, Raum, Ökonomie, Politik, Geschichte, Wissenschaft und Medien ausdehnendes fraktales Gebilde. Es zeichnet sich durch permanente Wandlung und Verdopplung - aber auch strukturelle Ähnlichkeit seiner Grundbestandteile - aus. Jedes Element findet mindestens ein verzerrtes Pendant. Das ist naheliegend in der Verknüpfung von Realität und Fiktion. Pynchon stellt diese beiden Domänen jedoch nicht trennscharf gegeneinander; er läßt sie ineinander verschwimmen, überblendet das eine mit dem anderen. „Reale" Figuren bekämpfen „fiktionale", „fiktionale" treten aus dem Bildschirm heraus, „reale" werden fiktionalisiert. Metzger sieht sein eigenes Bild im TV (LOT 18ff). Der jetzige Anwalt, der früher als Schauspieler tätig war, hat seine Lebensgeschichte ans Fernsehen verkauft. Sein fiktionales „Ich" soll von Manni di Presso, einem Anwalt, der jetzt Schauspieler ist, gespielt werden (LOT 21). Der dritte Jurist im Roman, Oedipas Hausanwalt Roseman, setzt alle verfügbare Kraft ein, um seinen verhaßten Gegenspieler, den Fernseh-Anwalt Perry Mason zu verklagen (LOT 11). Auf einer Metaebene vollzieht sich die Analogie von Architektur und medialen Systemen. Die Infrastruktur von San Narciso, der Stadt, die auf vielfältige Weise mit dem Besitz des Tycoons Pierce Inverarity verbunden ist, gleicht selbst der Struktur einer flexiblen klandestinen Organisation (bekannt aus dem Genre Spionageroman oder dem publizistischen Feld der Revolutionshandbücher): Es besteht aus voneinander unabhängigen geschlossenen Einheiten, die durch ein Informationssystem verbunden sind, dessen Reichweite ohne Ende und dessen Verbindungswege nur begrenzt nachverfolgbar scheinen. „Like many named places in California it was less an identifiable city than a group of concepts - census tracts, special purpose bond-issue districts, shopping nuclei, all overlaid with access roads to its own freeway." (LOT 14) Inverarity's Imperium hat seinen Doppelgänger in dem des Peter Pinguid. Pierce als sich den Dichotomien des Kalten Kriegs entziehender Immobilienspekulant ist vielleicht ein Erbe von Pinguid, der als erster amerikanischer Offizier in eine kriegerische Auseinandersetzung mit russischen Streitkräften verwickelt gewesen sein soll (LOT 32ff). Die Band *Paranoids*, die den Stromausfall während der Orgasmen von Oedipa und Metzler verursachten, ist in Beziehung zu setzen mit der *Pinguid Society*, die von anderen als „paranoid" bezeichnet wird.[81]

Das deutlichste Paar besteht aus dem Postsystem der *Thurn und Taxis* und dem mysteriösen alternativen *Tristero*-System: „For Emory Bortz it seemed to turn into a species of cute game. He held, for instance, to a mirror-image theory, by which any period of instability for Thurn and Taxis must have its reflection in Tristero's shadow-state." (LOT 112) Dieses Paar ist im Gegensatz zu anderen weniger durch Verdopplung und/oder Mutation gebildet; es zeichnet sich vielmehr durch Komplementarität aus. Dort, wo das *Tristero* agiert, kann *Thurn und Taxis* nicht sein. Ein Sy-

---

[81] "You *are* a paranoid." sagt Oedipa zu einem Musiker (LOT 17); "They accuse *us* of being paranoids" meint Fallopian von der *Peter Pinguid Society*. (LOT 32)

stem verdrängt das andere, aber die Außenlinien berühren sich. Die Strukturen des einen sind klar gegliedert, die des anderen chaotisch. *Thurn und Taxis* ist Synonym für die sichtbare, ordentliche, überlieferte Seite der Geschichte von Postsystemen. Es ist als Monopol geschildert. Dem entsprechen entsprechen auch die anderen historischen Gegenspieler des *Tristero:* der zunehmend monopolisierte Pony-Expreß und der staatliche *US Postal Service*. Das *Tristero* hingegen ist anarchisch organisiert. Es verfügt nicht über eine geradlinige Überlieferungsgeschichte. Das einzig Systematische an ihm: Es lebt in Sprüngen, wiederholten Zuständen, abgewandelten, aber reproduzierten Zeichen. Tradiert sind lediglich die permanente Subversion bestehender Verhältnisse, die multiple Devianz. Die Konsequenz dessen äußert sich in der Verortung des *Tristero* sowohl als revolutionäres als auch reaktionäres Element der jeweiligen Epoche. Das *Tristero* leitet sich aus Oedipas Perspektive doppelt ab: aus der eigenen, diskontinuierlichen Geschichte der Abweichung und aus dem Verlangen, den gerade aktuellen Zeitgeist zu subvertieren, die dominierenden Diskurse zu unterlaufen.

Überlieferungen zum *Tristero* tauchen in Gruppen im Text auf. So wird von mehreren Gemetzeln an Seen berichtet, an denen schwarz gekleidete Männer sowohl als Opfer als auch als Täter beteiligt waren. 1853 fielen zwölf *Wells-Fargo*-Männer solchen Banditen zum Opfer, wie ein Gedenkstein am *Lake Inverarity* im Reich des gleichnamigen Pierce Oedipa verkündet (LOT 62). Der Augenzeuge Diocletian Blobb erwähnt ein anderes Blutbad. Es wurde um 1640 von Briganten, die sich selbst als Angehörige der *Tristero*-Organisation bezeichneten, am alpinen „Lake of Piety" begangen (LOT 109). Der *Lago di Pietá* wiederum spielt eine entscheidende Rolle in *The Courier's Tragedy*, dem Theaterstück des nachelisabethanischen Autors Richard Wharfinger, zu dessen Quellen der Text des Blobb gehörte. Hier sind die Opfer die „Guten". Zunächst wird die Legende der schwarzgekleideten „Verlorenen Garde" des guten Herrschers von Faggio erzählt, die allesamt getötet und im See versenkt wurden (LOT 46). Dessen rechtmäßiger, aber mittelloser Erbe Niccolò wird von schwarzen Gestalten am Ufer des selben Sees umgebracht und grausam entstellt (LOT 49). Im zweiten Weltkrieg ereignete sich am *Lago di Pietà* ein langwieriges Gefecht zwischen deutschen und amerikanischen

Soldaten, das keiner der GIs überlebte. Ihre Leichen wurden geborgen, die Skelette zum Teil im *Lake Inverarity* als Attraktion eines Taucherparadieses versenkt und zum anderen Teil zu Zigarettenfiltern verarbeitet; die Firma gehörte Pierce Inverarity (LOT 40ff). Eine weitere Verknüpfung zwischen Pierces Firmenimperium, dem Theaterstück und dem Postverteilersystem des *Tristero* besteht darin, daß sich in Niccolòs Händen ein Brief befindet, der mit schwarzer Tinte geschrieben ist, die aus den verbrannten Knochen der „Verlorenen Garde" hergestellt wurde. Aus Knochenasche sind auch die schwarzen Federn von als Indianern verkleideten Wegelagerern, die den US-amerikanischen Pony-Expreß überfielen (LOT 64).

Das *Tristero*-System selbst erscheint in unterschiedlicher Gestalt. Stets ist es ein Netzwerk zur Übermittlung von Nachrichten. Es wird jedoch unabhängig voneinander und ohne gemeinsames Wissen von völlig heterogenen Gruppen genutzt. Historische Spuren des *Tristero* findet Oedipa im 30jährigen Krieg (LOT 113), in den antispanischen Befreiungskämpfen der niederländischen Provinzen (LOT 110), den europäischen Revolutionsbewegungen in der Mitte des 19. Jahrhunderts, der Besiedelung und Eroberung des amerikanischen Westens in der zweiten Hälfte des letzten Jahrhunderts und im amerikanischen Bürgerkrieg (LOT 119f). Im Kalifornien der 1960er Jahre, also Oedipas Gegenwart, handelt sich um den obskuren Geheimbund *Peter Pinguid Society*, ein Anzeigensystem für Sexualkontakte, (LOT 34f), die Selbsthilfegruppe der Anonymen Liebenden, lateinamerikanische Anarchisten, den morbiden *Alameda County Death Cult,* einen Totengräber-Transporter, extra-humanoide Verschwörer oder senile Bewohner von Elendsquartieren (LOT 83ff). Diese Gruppen vereint - neben der Nutzung von W.A.S.T.E. (we await silent Tristero's empire, s. Lot 120) - lediglich ihre Devianz.

> „Decorating each alienation, each species of withdrawal, as cuff-link, decal, aimless doodling, there was somehow always the post horn." (LOT 85)

Einzig Oedipa stellt durch ihre Recherche eine Verbindung her. Sie schafft Sinn und verwebt die Netze miteinander, bis sie das Bild einer Verschwörung ergeben. Einer Verschwörung zudem, die den Atem der Vernichtung, des kalten Hauchs des Verschwindens nach sich zieht. Viele der Personen, die Oedipas Weg kreuzen, erfahren danach eine substantielle Änderung ihres Lebensweges. Mucho Maas entweicht ins Reich der Drogen, Oedipas Analytiker wird wahnsinnig, der Laden ihres Buchhändlers brennt aus, ihr Liebhaber durch. Randy Driblette, der Regisseur von „A Courier's Tragedy", versinkt wie die „Verlorene Garde" von Faggio im Wasser. Im Zentrum der Verschwörung scheint Pierce zu stekken.

> „Every access route to the Tristero could be traced also back to the Inverarity estate... Meaning what? That Bortz, along with Metzger, Cohen, Driblette, Koteks, the tattooed sailor in San Francisco, the W.A.S.T.E. carriers she'd seen - that all of them were Pierce Inverarity's men? *Bought?* Or loyal, for free, for fun, to some grandios practical joke he'd cooked up, all for her embarrassment, or terrorizing, or moral improvement?" (LOT 117)

Sobald sich ein wenig Sinn hergestellt hat, verflüchtigt er sich jedoch wieder. Zu monströs sind die Verflechtungen, als daß sie einem Urheber zugeschrieben werden könnten. Oedipa ist der Boden unter den Füßen entzogen worden. Unter dem Amerika, das sie als das ihr bekannte vorausgesetzt hat, scheint eine verborgene Maschinerie zu arbeiten: „a network by which X number of Americans are truly communicating whilst reserving their lies, recitations of routine, arid betrayals of spiritual poverty, for the official government delivery system." (LOT 117f)

Oedipa ist allein gelassen, überfordert. Sie kann sich nicht zwischen den verschiedenen Alternativen entscheiden. Der Text suggeriert ihr (und all ihren Co-LeserInnen) zunächst eine Lösung: Pierce hat vor seinem Tode noch eine gewaltige Maschinerie installiert, die *post mortem* Oedipa bestrafen, verwirren, verunsichern soll. Diese Lösung ist jedoch aufgrund der enormen Komplexität des Spiels zu unwahrscheinlich. Die beteiligten Figuren könnten unmöglich von einer - verwaisten - Kommandozentrale aus kontrolliert werden. Auch eine eher anarchische, auf größerer Selbstbestimmung und Entscheidungsfreiheit der beteiligten Personen beruhende Verschwörung Pierces gegenüber Oedipa ist auszuschließen: Eine physische Vernichtung ihrer selbst kann weder Zapfs noch Driblettes Interesse sein. Ebensowenig kann die gesellschaftliche Destruktion, der Mucho, Dr. Hilarius und Metzger unterliegen, in deren ureigenem Interesse sein. Diese Endpunkte übersteigen in ihrer Konsequenz den Rahmen eines verabredeten Spiels. Auch die dritte Hypothese ist nicht haltbar. Oedipa ist nicht unzurechnungsfähig. Zu handfest sind die Beweise, die Oedipa zugänglich sind. Die gedämpften Posthörner existieren zweifelsfrei. Für die gefälschten Briefmarken hat sie Zeugen; ebenso für Wharfingers Theaterstück und die überlieferten Episoden. Und auch die letzte Hypothese - daß die Oedipa bisher zugängliche Wirklichkeit Amerikas von einer Vielzahl verschwörerischer Netze unterhöhlt ist - erfährt keine Bestätigung. Pynchon verwehrt ihr - und dem Leser - eine Lösung. Denn der geheimnisvolle, zum *Tristero* gerechnete Buchbieter, der Inverarity's Briefmarkensammlung ersteigern will, wird nicht gezeigt. Mit dem Beginn der Versteigerung bricht der Roman ab. Pynchon zeigt, daß hinter der Realität immer noch eine andere stecken *kann*, die ihrerseits keinen Boden hat, aber doch die vorhergehende modifiziert. Er stellt es jedoch nicht in der Art simpler Verschwörungstheoretiker als Tatsache hin. Er verwischt die Spuren, markiert und löscht. Es existiert kein Endpunkt, kein letzter Grund, kein rettendes Ufer. Signifikantenketten schieben sich ineinander, dekonstruieren sich wechselseitig. Das sie lesende Subjekt - im Roman Oedipa Maas, im Aufeinandertreffen mit dem Roman der Leser selbst - kann sie nicht endgültig entziffern. Der Leser und Oedipa werden herumgestoßen wie eine Kugel in einem entgrenzten mehrdimensionalen Flipperautomaten, der weder einen festen Boden noch ein Aus aufweist. Niemand vermag aus dem mysteriösen *Tristero* auszusteigen. Oedipa und Leser sind permanent in Bewegung gehalten - und doch sind es andererseits sie, die die Anstoßpunkte sichtbar machen und den Fortlauf der Geschichte ermöglichen. Ohne Oedipas Funktion als Testamentsvollstreckerin lägen die Ströme und Wirbel des *Tristero* im Verborgenen; ohne den Leser existierte Oedipa nicht.

9.3. Zufall als Bestimmung - Milan Kundera: „Die unerträgliche Leichtigkeit des Seins"

Milan Kundera schickt den Leser zunächst auf eine weite Reise: ins sechste Jahrhundert vor Christus, zu Parmenides und dessen Denken in Dichotomien. Kundera greift Parmenides' unbestimmteste Dichotomie heraus - die des Leichten und des Schweren.[82] Die Übergänge von leicht zu schwer sind fließend; die Zustände sind relational, nicht absolut. Etwas Schweres kann leicht, etwas Leichtes schwer werden. Ähnliche Probleme stellen sich bei der Bewertung des Leichten und Schweren. Abhängig vom kulturellen Kontext kann das Schwere bedeutsam und wahr sein, während das Leichte beliebig wird - oder wie Parmenides vorschlägt: das Leichte (als Feuer und Licht; Parmenides (1986, 43)) sei positiv, da Ausdruck der Freiheit, während das Schwere bedrücke (LEI 8f). Wer sich nun in philosophische Spekulationen verstrickt glaubt, wird im nächsten Moment in die Liebesgeschichte zwischen Tomas und Teresa eingewoben..

Diese Geschichte ist keineswegs die Illustration der These über die Unbestimmtheit vom Leichten und Schweren. Sie ist eigenständig, jedoch mit den weiterführenden Reflektionen über Parmenides verbunden. Erst „im Licht dieser Überlegungen habe ich ihn zum ersten Mal klar vor mir gesehen" (LEI 9), berichtet die Stimme des Erzählers und etabliert mit dem „Licht" Tomas als „leicht.

Die Verknüpfung von philosophischer Reflektion und Lebensgeschichte führt zu einem Erkenntnisgewinn. Einem Erkenntnisgewinn, der Tomas` Leben überhaupt erst erzählenswert macht. Erst im Licht dieser Überlegungen schält sich Tomas` Gestalt heraus, sein Umfeld, seine Wohnung, seine Situation (LEI 9f).

Tomas lebt in einem exemplarischen Zustand der Unbestimmtheit, in einem fragilen, aber ausgewogenen Verhältnis von Nähe und Distanz. Das äußert sich besonders deutlich im Beziehungsgeflecht mit seinen Geliebten. Tomas verschreibt der multiplen *erotischen Freundschaft,* die niemals die Grenze zur verpflichtenden Liebe überschreiten sollte. Er verkündet:

---

[82] Überliefert ist Parmenides` einzig erhaltene Schrift, das Lehrgedicht "Vom Wesen des Seienden", nur innerhalb des Physik-Kommentars des Aristotelikers Simplicius. Der Gegensatz leicht-schwer taucht nur in einer Anmerkung des Simplicius auf, der diese Bemerkung als "zwischen den Versen eingeschoben (...) gleichsam wie von Parmenides selber" (Parmenides 1986, 33) bezeichnet. Kundera folgt hier also einer mehrfach verwischten Spur; er nobilitiert das Flüchtige zum Kerngedanken und gewinnt aus solch prekärem Material die Leitmetapher seines Textes: Typische Verfahrensweise des modernen zeitgenössischen Romans.

„Man muß die Dreierregel einhalten. Entweder sieht man eine Frau in kurzen Abständen, aber dann nicht öfter als dreimal, oder man verkehrt jahrelang mit ihr, dann allerdings nur unter der Bedingung, daß mindestens drei Wochen zwischen den Verabredungen liegen." (LEI 15) Vor allem jedoch übernachtet er nie bei seinen Freundinnen und ließ sie auch nie in seiner Wohnung schlafen (LEI 16). Dieses Regelwerk ist zum Prinzip erhoben, es strukturiert, ist nicht hintergehbar und doch ohne Grund. Vor allem schafft es einen weiten Möglichkeitsrahmen lebbarer Promiskuität und unangetasteter Individualität. Tomas ist so frei, sich immer wieder neu entscheiden zu können. Hier kann er der Bahn des Zufalls folgen und abwarten, welche Patientinnen, Vernissagenbesucherinnen, Künstlerinnen etc. in sein Blickfeld gespült werden.

Auch sonstige - gewöhnlich - essentielle Entscheidungen überläßt Tomas dem Zufall. Für sein Umfeld völlig unerwartet und unerklärlich verzichtet er auf Treffen mit seinem Sohn, der bei seiner geschiedenen Frau lebt, und sagt sich leichten Herzens auch von seinen Eltern los (LEI 14f).

Tomas lebt, eher schwebt, in einer Atmosphäre der Leichtigkeit, die ihn nichts vermissen läßt. Das Netzwerk, in dem er eingesponnen ist und das er beharrlich weiterspinnt, läßt ihm die gewünschten Freiheiten. Er ist kein an der eigenen Vergewaltigung mitwirkendes Opfer wie Gerti. Deren erdrückendes Schicksal lag in der ewigen, unerträglichen Wiederholung der sexuellen Ausbeutung. Tomas kann sein Leben ebensowenig „verlassen" wie Gerti, aber er sieht sich nicht einer mechanischen, endlos reproduzierten Routine unterworfen. Die Leichtigkeit seines Lebens macht aus, daß jedes Leben, jeder Moment einmalig ist. Und es gelangt an keinen Endpunkt. Leben gleicht einer Skizze, einem „Entwurf ohne Bild" (LEI 12). Daher kann Tomas auch nicht jener langweiligen Routine belangloser Alltäglichkeit unterworfen sein, wie es für Oedipa zutrifft. Tomas scheint der Protagonist eines diesseitigen Nirvana zu sein. Auch der Leser scheint in vollendeter, kaum glaubhafter Glückseligkeit angekommen. Doch das System, das Kundera für beide entwirft, weist mindestens zwei Mängel auf. Wenn das Leben unwiederholbar und nicht korrigierbar ist, „wenn man ohnehin nur einmal leben darf, so ist es, als lebe man überhaupt nicht." (LEI 12) Das Leichte ist so leicht geworden, daß es nichts mehr wiegt, quasi ausgelöscht ist und damit unversehen zur erdrückenden Last wird. Der zweite Makel liegt in einem Verzicht, auf den sich Tomas einzulassen hat. Der Preis der Leichtigkeit ist die bewußte Absage an alles Schwere, Bedeutende: Tomas entsagt sich der Liebe (LEI 16). Erwartungsgemäß bricht dieses schwere Glück in Tomas` zartes Gefüge leichter Glückseligkeit herein. An diesem Punkt ist er verunsichert. Eine Entscheidung ist gefordert, die seine Kräfte übersteigt.

> „Sollte er sie für immer nach Prag holen? Er fürchtete diese Verantwortung. Würde er sie jetzt einladen, sie würde kommen, um ihm ihr ganzes Leben anzubieten.
>
> Oder sollte er einfach nichts mehr von sich hören lassen? Das würde bedeuten, daß Teresa Serviererin in einem gottverlassenen Provinznest bliebe und er sie nie wiedersehen würde.
>
> Will er, daß sie zu ihm kommt, oder will er es nicht?" (LEI 10)

Diese Intervention von außen droht sein Leben zu verändern. Nicht er ist ist der Initiator, sondern eine von ihm unabhängige, unerwartete Quelle. Es handelt sich nicht um reine Information, die einen Umschwung auslöst - wie noch in LOT; hier ist es das Zusammenkommen zweier Menschen, die füreinander bestimmt scheinen.

> „Er empfand damals eine unerklärliche Liebe für dieses Mädchen, das er kaum kannte; sie kam ihm vor wie ein Kind, das jemand in ein pechbestrichenes Körbchen gelegt und auf dem Fluß ausgesetzt hatte, damit er es am Ufer seines Bettes barg." (LEI 10)

Kundera zitiert hier den Mythos des ausgesetzten Kindes, den Moses und Ödipus teilen. Teresas Schicksal ist jedoch nicht von jener Unausweichlichkeit und Folgerichtigkeit bestimmt, die jenes Moses` und Ödipus` charakterisieren. Teresas Weg ist nicht vorgezeichnet wie es in der antiken und der biblischen Geschichte der Fall ist.

Teresas wie Tomas` Seinsweise ist eine der Unbestimmtheit. Die Bahnen, in denen sich ihr Leben bewegt, sind ohne festen Grund. Spiegelbildlich geradezu fällen sie ihre Entscheidungen nach einem Zufallsprinzip. Es ist Zufall, daß ausgerechnet Tomas der erste Mann war, der in Teresas Lokal ein Buch öffnete. Das Buch, Symbol für eine Welt jenseits der alltäglichen Roheit ihrer Umgebung, ist für Teresa ein Zeichen. Der Zufall erfährt eine Steigerung, denn just in dem Moment, indem Tomas mit einem Lächeln (!) einen Cognac ordert, erklingt im Radio ein Quartett von Beethoven. Teresa hatte dieses Quartett auf einem Konzert - einem ihrer wenigen Ausflüge in die Welt der an Geist und Seele Gebildeten - gehört. Einmal auf die Spur des Zeichenlesens gebracht, fügt sich für Teresa jedes weitere Moment in ein logisches System von Bestimmung. Tomas wohnt im Zimmer Nr. sechs - Teresas Dienst endet um 18 Uhr. Sein Zug Zug fährt um 19 Uhr! Tomas verläßt das Lokal und wartet(?)/sitzt auf jener Bank vor dem Lokal, auf dem Teresa tags zuvor mit einem Buch auf den Knien gesessen hatte. Krönender Abschluß ist Tomas' Bemerkung beim Abschied: „Falls Sie *zufällig* einmal nach Prag kommen sollten..." (LEI 51; Hervorhebung TM)

Eine Kette von bedeutungsvollen Zufällen bindet Teresa an Tomas. Diese Zufälle sind Botschaften, die Teresa die Flucht aus der Enge des Provinzstädtchens verheißen. Zufälle sind die Triebkräfte des Lebens., denn sie sind nicht absehbar. „Was aus Notwendigkeit geschieht, was absehbar ist, was sich täglich wiederholt, ist stumm. Nur der Zufall ist sprechend." (LEI 49) Es ist jedoch eine besondere Art des Zufalls, die sprechend ist: die Koinzidenz. Erst wenn etwas Unerwartetes geschieht, das auf einen vorhandenen, aber in diesem Moment nicht vordergründig präsenten Rahmen trifft, erst dann stellt sich Bedeutung her.

Auch aus Tomas' Perspektive ist das Zusammentreffen mit Teresa von mehreren Zufälligkeiten bestimmt:

> „Vor sieben Jahren trat *zufällig* im Krankenhaus der Stadt, wo Teresa wohnte, ein komplizierter Fall einer Gehirnkrankheit auf, und Tomas' Chefarzt wurde zu einer dringenden Konsultation gebeten. *Zufällig* hatte dieser Chefarzt Ischias, konnte sich nicht bewegen und schickte Tomas zur Vertretung in das Provinzkrankenhaus. In der Stadt gab es fünf Hotels, doch Tomas stieg *zufällig* dort ab, wo Teresa arbeitete. *Zufällig* hatte er vor der Abfahrt des Zuges noch etwas Zeit und er setzte sich ins Restaurant. Teresa hatte *zufällig* Dienst und bediente *zufällig* an seinem Tisch. Es waren also sechs Zufälle nötig, um Tomas auf Teresa hinzustoßen, als hätte er selbst gar nicht zu ihr gewollt." (LEI 37; Hervorhebungen im Original)

Für Tomas, den Adepten des Zufalls, sind diese Zufälle eher ohne Belang. Sie sind gewöhnlich, keine Zeichen von Gewicht, charakterisieren das Unwahrscheinliche (im Sinne von beliebig zustande gekommen) ihrer Begegnung. Es hätte so, aber viel wahrscheinlicher auch ganz anders kommen können. Vor allem passen sich diese Zufälle rückstandslos in Tomas' gewohntes fragiles System ein. Sie entsprechen der gewählten Leichtigkeit seiner Seinsweise. Diese Zufälle treffen nicht auf einen Erwartungshorizont, der sie heraushebt. Tomas verhält sich zu Teresa wie zu seinen anderen Freundinnen, getreu seinen Prinzipien. Er ist nur in diesem Rahmen aktiv. Die ersten Entscheidungen überläßt er Teresa. Sie ist es, die ihn besucht. Nichts spricht dagegen, daß Teresa sich in die Reihe der Freundinnen einfügen könnte und sich des Nachts ins Hotel schicken ließe. Ein weiterer Zufall verhindert dies: Teresa erkrankt und wird von Tomas eine Woche lang gepflegt. Prompt tritt das Bild vom im Körbchen ausgesetzten Kind in seinen Sinn.

„Damals war es Tomas noch nicht klar, daß Metaphern gefährlich sind. Mit Metaphern spielt man nicht. Die Liebe kann aus einer einzigen Metapher geboren werden." (LEI 14)

Mit dieser Metapher sprengt Tomas Teresa und sich selbst aus dem gleichmäßigen Fluß des alltäglichen Lebens heraus. Ihr Zusammentreffen blitzt als *dialektisches Bild* auf. Jetziges und Gewesenes überlagern sich, kulminieren zu einem Stillstehen im Kontinuum des (privaten) Geschichtsverlaufs (Vgl. Benjamin 1991, 590ff).

Hier ahnt Tomas, daß sein Leben eine entscheidende Wendung erhalten wird. Er selbst sieht sich jedoch nicht als Akteur dieser Wendung. Er gehorcht dem nächsten, entscheidenden Zeichen.

Teresa besucht ihn nach längerer Abwesenheit wieder. Beide schlafen zusammen ein. Am nächsten Morgen stellt Tomas überrascht fest, daß Teresa die ganze Nacht über seine Hand in der ihren gehalten haben muß (LEI 13). Dieses Moment erst erhebt die Begegnung zum Außergewöhnlichen; macht sie sprechend. Etwas, das Tomas nie zulassen wollte, ist eingetroffen: der „Duft eines unbekannten Glücks" (LEI 17)

Es ist etwas vergleichsweise Schweres; jedoch keine negative Kraft, wie der auf den Pfad der Leichtigkeit geschickte Leser vermuten könnte; dieses Schwere ist für Tomas etwas lange Ersehntes, ein unerfüllbar geglaubter Wunsch, der sich plötzlich realisierte; etwas - voller Angst - Ausgeschlossenes, das nun unvermittelt als beglückender Atem hereinströmt und - beflügelt. Also sich zum Leichten wandelt.

In der ersten Hälfte seines Romans entwickelt Milan Kundera eine bestrickende differenzierte Poetik des Zufalls. Dabei kristallisieren sich zwei verschiedene Modi heraus. Der erste betrifft jene Zufälle, die sich ereignen, die aus heiterem Himmel geschehen und sich doch in das Netzwerk der Merkwürdigkeiten des Alltags integrieren lassen. Sie sind die „leichten" Zufälle; jene, die Tomas', Sabinas und Franz' Leben dirigieren. Ihre Funktion ist, den Protagonisten Entscheidungen abzunehmen. Entscheidungen, die die Figuren nicht treffen können, weil sie von der Vielzahl der Möglichkeiten und der Unabsehbarkeit der Folgen dieser Entscheidungen schlicht überfordert sind. Das Repertoire ihrer rationalistischen Instrumente ist unzureichend. Deshalb wird Verantwortung für das eigene Handeln, die im Roman des 19. Jahrhunderts noch zu den Kardinaltugenden des positiven Helden gehörte, an eine externe Instanz abgegeben. Charakteristisch für diese Instanz ist seine Ungeschichtlichkeit, die sich hierin fundamental von solch obsoleten Leitbildern wie Religion(en) und Ideologie(n) unterscheidet. Zufall ist nicht begründet; muß nicht begründet werden. Er selbst wird jedoch zur grundlosen Wurzel des Handelns. Mit diesem Paradoxon kann man es trotz der Unzulänglichkeit der verfügbaren Mittel aushalten – selbst angesichts der Erkenntnis der Ohnmacht, im Leben niemals (anders als im naturwissenschaftlichen Experiment oder im Cyberspace) nach fehlgeschlagenem Versuch zur Startposition zurückkehren zu können. Dennoch vermögen es Kunderas Figuren nicht, sich gar zu häuslich in diesem Paradoxon einzurichten. In ihnen steckt der unbezähmbare Drang, der geschlossenen Welt von Systemen, Sprachen und Codes zu entfliehen. Extremen Ausdruck findet dieser Wunsch im „Kleinen Verzeichnis unverstandener Wörter" (LEI 86ff), das das Dilemma von Sabina und Franz – zwei sich ebenfalls der Leichtigkeit des Intellektuellen- und Künstlerdaseins verpflichtet fühlenden Figuren – finden.

Die zweite Art von Zufällen – „schweren" Zufällen – sind Koinzidenzen, aus sich heraus sprechende Zeichen. Es handelt sich hier um Unwahrscheinlichkeiten, die sehnsüchtig erhofft, aber intensiv verheimlicht und stark verdrängt sind – und die wider vermeintlich besseres Wissen doch eintreffen. Entscheidungen, die durch Koinzidenzen gegründet sind, tragen nicht den leichten Stempel des „es kann sein" – sie folgen dem Motiv des „Es muß sein" (LEI 34). In ihrer Unbedingtheit und Dringlichkeit eröffnen sie den Figuren - zumindest kurzzeitig - die Chance, aus ihren geschlossenen Systemen herauszutreten. Sie überwinden sie für einen Moment der Liebe, des reinen Seins oder des Mythos. Aber sie können ihm nicht dauerhaft entkommen. Das signalisieren die geradezu beiläufigen Tode von Tomas und Teresa sowie von Franz.

Kunderas Poetik des Zufalls erfährt im zweiten Teil seine Entzauberung. Jene Zufälle und Glücksmomente, die früher so leicht schienen, werden in ein Geflecht der Planmäßigkeit und der ernsthaften Taktik gepreßt. Augenblicke höchster Zufriedenheit erfuhr Teresa, als sie während des Prager Frühlings 1968 die Moldaustadt mit der Kamera durchstreifte und die Phantasie, Würde und Lebenslust der Tschechen einfing. Jahre später erfährt sie, daß Fotos ihrer Kollegen von den Behörden dazu benutzt werden, damalige Aktivisten ins Gefängnis zu bringen (LEI 136f). Ihr persönliches Glück als Fotografin auf der Jagd nach sprechenden Zufällen wird entweiht; die aus der Flüchtigkeit herausgehobenen und auf den Bildträger gebannten Konstellationen mißbräuchlicher Verwendung zugeführt. Die Fotos - einst Ausdruck der ganze Land durchflutenden Welle euphorischen Hasses (LEI 66) - sind in den Händen der Sieger zu Instrumenten der Unterdrückung verkehrt.

Noch deutlicher wird die Pervertierung des Zufalls durch seinen Anschluß an die Maschine der Absicht bei Teresas einzigem Seitensprung. Während ihrer Arbeit in einer Bar wird sie erst von einem Jungen in eine Falle gelockt und danach von einem unangenehmen Mann bedroht. Ein Ingenieur mischt sich ein und hilft ihr (LEI 138ff). Einige Tage später begleitet sie ihren Retter in dessen Wohnung. Dort fällt ihr der *Ödipus* des Sophokles auf, ein Buch, das in ihrer Beziehung zu Tomas - nicht nur wegen des metaphorischen Beginns - eine große Rolle spielt (LEI 147). Solch sprechender Zufall, solch starke Koinzidenz bindet sie stärker an den Ingenieur. Es handelt sich um eine Spiegelung von Teresas Begegnung mit Tomas. Gleichzeitig spiegelt die ansonsten monogame Teresa Tomas Drang nach Liebschaften wider.

Später wird diesem - die Seele nicht berührenden (LEI 151) - Seitensprung der letzte Zauber entzogen: Der Ingenieur war vermutlich ein Rädchen im Sicherheitsapparat, das sein präzises Spiel mit dem Zufall spielte. Ein Arbeitskollege klärt Teresa auf:

„Frau Teresa (...‚) Spitzel haben mehrere Funktionen. Die erste ist klassisch. Mithören, was die Leute sich so erzählen, und es den Vorgesetzten weitermelden.
Die zweite Funktion ist die Einschüchterung. Sie geben einem zu verstehen, daß sie Macht über einen haben, sie wollen einem Angst einflößen (...)
Die dritte Funktion besteht im Inszenieren von kompromittierenden Situationen. Heute ist niemand mehr daran interessiert, uns staatsfeindlicher Umtriebe zu bezichtigen, das würde uns nur noch mehr Sympathien verschaffen. So versucht man lieber, in unseren Taschen Haschisch zu finden oder zu beweisen, daß wir ein zwölfjähriges Mädchen mißbraucht haben." (LEI 156)

Kundera entwickelt hier Desambiguierungsstrategien, die wir auch bei Pynchon und Jelinek beobachten konnten. Das zunächst etablierte Spiel mit dem Zufall, das an die Stelle der Selbstbestimmung des Subjekts im Roman des 19. Jahrhunderts tritt, wird umgeschrieben. Ihm wird der vorher transzendent scheinende Boden entzogen. *Die unerträgliche Leichtigkeit des Seins* bleibt jedoch bei einer „einfachen Dekonstruktion" des Zufalls nicht stehen. Die vorherige „Kritik" ist nicht endgültig. Das Spiel setzt sich fort, flottiert weiter. Tomas` und Teresas Tod folgt wieder den Gesetzen der Leichtigkeit. Er geschieht aus heiterem Himmel, ist Un-Fall, Zu-Fall (LEI 260). Gleichzeitig beendet er Tomas` Leben; ein Leben, das leicht geworden war. Tomas hat sich von allem Schweren gelöst, von seiner Suche nach Sexualpartnern, von seiner Bestimmung als Arzt. Seine letzten Worte sind: „'Teresa, Berufung ist Blödsinn. Ich habe keine Berufung. Niemand hat eine Berufung. Und es ist eine ungeheure Erleichterung festzustellen, daß man frei ist und keine Berufung hat.'" (LEI 300)
Aber auch dieses Credo wird durchbrochen, unterlaufen. Denn auf den Schlußstein des Leens, den Grabstein, läßt Tomas` Sohn Simon meißeln: „Er wollte das Reich Gottes auf Erden" (LEI 264). Der Leichtigkeit, der Ungebundenheit wird also wieder ein Grund, ein fester tradierter Boden untergeschoben. Das neue fragile Gebilde ist systematisiert, in Einklang mit einer Ordnung gebracht. Das Paradox geschieht: Tomas` jenseits stabiler Sinnkonstruktionen gelebtes Leben wird supplementiert durch den Eingriff seines biologischen Nachfolgers und suchenden Nachahmers namens Simon.

9.4. Yoyoing - entgrenztes Spiel und gebundene Freiheit

Yoyodyne heißt das Imperium des Tycoons Inverarity aus Pynchons Roman. Das Prinzip des Yoyo ist eine gute Beschreibung für die Prozesse von Abhängigkeit und Freiheit, die sowohl das Verhältnis von Leser und Text als auch Figur und fiktionaler Umwelt bestimmen. Yoyo ist ein malaiisch-philippinisches Geschicklichkeitsspiel, bei dem durch federndes Auf- und Abbewegen der Hand eine an einer Schnur hängende Spule auf- und abrollt (Brockhaus 1990). Es ist ein Spiel ohne Grund, ohne Begrenzung, ohne Ende. Yoyo kennt kein Zentrum, keine Hierarchie. Die Spule kann sich in alle Richtungen bewegen. Sie vermag unterschiedliche Flugbahnen zu beschreiben, die nur bedingt vorhersehbar sind. Es ist nicht genau festzulegen, wer die Bewegung bestimmt. Ist es die Hand? Ist es das Yoyo? Die Hand gibt den ersten Impuls, setzt die Spule in Bewegung. Geführt von der Schnur entfernt sie sich und kehrt zur Hand zurück. Oder ist es doch das Yoyo, das sich der Schwerkraft gehorchend von der Hand löst, zu ihr zurückgeht, sich wieder von ihr abstößt und sie in ständiger Bewegung hält? Diese Frage ist nicht ultimativ entscheidbar. Auf eine solche endgültige Dezision kommt es allerdings gar nicht an. Bedeutsam ist der Fortgang des Spiels, die Vielfalt einander ähnelnder, aber nichtidentischer Bewegungen. Bewegungen und Figuren, die ihre Vorgänger überschreiben, von ihnen nichts als eine Spur zurücklassen und selbst wieder überschrieben werden. Bewegungen, die sich spiegeln, verdoppeln, supplementieren. Yoyo ist nicht für die Ewigkeit gemacht, sondern für den Moment. Aber es ist ein Spiel, das sich fortsetzt, das andauert, das in seiner Flexibilität unausrottbar ist. Die einzigen begrenzenden Parameter dieses Spiels sind die Kraft, die Spule und Hand voneinander entfernen und die Länge der Schnur. Aber auch diese Parameter sind wählbar, modifizierbar. Das Spiel ist unendlich, ohne den absoluten Charakter des Ewigen zu besitzen.

Die entgrenzenden Momente dieses Spiels konnten wir bei den drei besprochenen Romanen in unterschiedlichem Modus bemerken. Jelineks Prosa zeichnete sich durch eine sich permanent selbst fortpflanzende Sprachwut aus. Einzelne Wörter wurden zusammengerückt, gestaucht, komprimiert. Aus ihnen schossen die Assoziationen, die den Sprachfluß weiter antrieben. Worte und Wortwurzeln vermehren sich gewissermaßen eigenständig. Jelineks Sprachwut ist der Fabulierwut Kunderas vergleichbar. Tomas' Leben wird mit dem Teresas verschränkt und in ihm gespiegelt. Deren Geschichte wird durch Simons, Sabinas oder Franzens gebrochen und zurückgeworfen. Mannigfaltige, einander ebenbürtige Schicksale entstehen. Diese Momente sind verwoben in dem übergeordneten, aber selbst nicht letzt- und endgültigen Prozeß wechselnder Erleichterung und Belastung. Letzte Begründungen werden nicht gegeben. Hinter jedem - geplanten und ungeplanten - Zufall lauert noch ein anderer. Pynchons Schreiben wiederum folgt einer schier unermeßlichen Lust am Plot, an der narrativen Struktur. Virtuelle, reale, legale, illegale, informelle, offizielle, soziale und individuelle Organisationsformen verdoppeln, vervielfältigen und vermehren sich. Parallel dazu operiert Pynchon extensiv mit Zeichenverschiebungen. Mit Dämpfern versehene Posthörner verunreinigen und subvertieren geordnete Systeme. Briefmarken, also zweimensionale, begrenzte, zweckgebundene Artefakte werden zu Fenstern in nahe und ferne Welten (LOT 29). Überlieferte Texte existieren in verschiedenen, autorisierten und nicht autorisierten Versionen; die geheimnisvollsten und am meisten infizierenden in den Katakomben des Vatikan (LOT 106). Andere Verschiebungen ergeben sich durch die Doppeldeutigkeit von „dt" - delirius tremens und Zeitdifferenz (LOT 89). Pynchon gibt jedem Zeichen noch - mindestens - eine weitere Bedeutung. Alltagsworte sind Akronyme, die auf bizarre und mehrdeutige Subuniversen verweisen - DEATH (Don't ever antagonize the horn), WASTE (we await silent Tristero's empire), NADA (National Automobile Dealer's Association). Und selbst der merkwürdige Titel des Romans gebiert eine Vielzahl von Deutungen: *Crying* kann „versteigern", „weinen", „schreien" heißen; „Nr. 49" ist ein Symbol für Kalifornien, den „Staat der 49er" (Ickstadt 1981a, 111). Wird Kalifornien nun in einen Kasten gepackt und verkauft? Schreit das geplagte Land, seine Bewohner, Ureinwohner? Ertönt ein Schrei der Verzweiflung, hämischen Triumphes, irrgewordener Leidenschaft?

Das Spiel dieser Verschiebungen signalisiert, daß es keinen festen Grund gibt, kein Signifikat, das dem Verweiser entspröche. Jede Kenntnis, jede Spur weist nur immer fort weiter. Sie erklärt und hinterläßt doch einen letzten rätselhaften Rest, der sich der Deutung entzieht.

Dieses spielerische Verfahren äußerte sich auch auf der Ebene der Figuren. Die Existenzen von Tomas, Teresa, Oedipa oder Gerti sind nicht fest verankert. Die Grundlagen ihrer Existenz schwanken, oszillieren. Dennoch sind sie es, die den Textfluß vorantreiben. Sie sind geführte Agenten, Kugeln im Flipperautomaten, an Schnüren hängende, bewegte und bewegende Spulen. Ähnliches widerfährt dem Leser, der auf falsche Spuren geschickt wird und einem Verwirrspiel unterworfen ist. Ohne seine Aktivität jedoch begönne der Prozeß des Lesens, des Lebens von Texten nicht.

Verfolgt man das Spiel des Yoyos, so besteht eine Vielzahl von Gefahren der Vereindeutigung. Man kann das Spiel durch die naturwissenschaftliche Brille betrachten, Formeln für Flugbahn, Krafteinsatz, Reibung und Luftwiderstand aufstellen. Man kann es spieltheoretisch untersuchen, in den sozialen und generativen Kontext stellen, seine Geschichte schreiben - und doch wird man damit seiner Poesie nicht gerecht werden. Denn all diese Anstrengungen unterliegen dem Diktat des Verweisens, des sich Zurückziehens auf gesicherte Bastionen.

Ähnliche Gefahren drohen auch der Lektüre. (Nicht nur auf der Mikroebene, in der hinter jedem Signifikant ein Signifikat ausgemacht werden soll.) Denn die Vielfalt der Literaturtheorien - und für die Literatur applizierte Theorien anderer Wissensfelder - stellt divergierende Beschreibungsansätze zur Verfügung, die ihren je eigenen Regeln folgen und literarische Werke in ihren Kontext pressen. Diesen - u.a. von Nabokov und Barthes bedauerten - Konsequenzen einer thesenhaften Vereindeutung von Literatur habe ich mich zu entziehen versucht. Deshalb habe ich auf Untersuchungen intertextueller Verfahren in den drei Romanen verzichtet und bin u.a. nicht auf die Verknüpfung Jelinek-Hölderlin eingegangen (Vgl. u.a. Bartens 1997, Spielmann 1991). Explizite Verfahren von Satire und Ironisierung habe ich nicht verfolgt (Vgl. u.a. Brunner 1997), ebensowenig rein feministische Lesarten (Vgl. Vis 1998, Barrett 1980) oder untergeschobene Methoden der Zertrümmerung - von Trivialmythen bei Jelinek (Vgl. Brunner 1997). Ich wollte mich nicht zur Ruhe legen mit der etwaigen Subversion von Geschichtsschreibung und Geschichtssinn bei Pynchon (Vgl. u.a. Kolesch 1996) oder die Implantierung naturwissenschaftlicher Theoreme in Kunstkontexte (Ickstadt 1981) untersuchen.

Auch einer rein historisierenden realsozialismuskritischen Sichtweise auf Kundera verwehrte ich mich - unterstützt u.a. von Kundera selbst, der die Künstlerin Sabina ihre Ermüdung artikulieren läßt, stets vordergründig als Dissidentin, nicht aber als Künstlerin rezipiert zu werden (LEI 243).

All diese Versuche sind legitim. Aber sie müssen nicht wiederholt werden; die Rinne nicht noch tiefer eingepflügt. Außerdem sind es allesamt lediglich Negativbeschreibungen; sie konstruieren eine merkwürdig stabile untergründige Folie - Subjekt, Poltik, Geschichte..., von der sie sich mit Hilfe des Textes abzusetzen glauben. Sie unterliegen Mimikri und Counter-Mimikri; sie geben die Texte auf. Vor allem verfallen sie der antiquierten Verweisstruktur, ziehen sich in sichere Bastionen, auf die „verdickten" Stränge der Theoriebildung zurück. Sie nehmen das freie Spiel, das die Prosa-Autoren initiieren, nicht auf.

10. Schlußbetrachtungen

Im Verlaufe dieser Arbeit haben wir den Prozeß der Ermächtigung des Lesers nachgezeichnet. Wir haben in einer Lektüre wissenschaftlicher Texte des 19. und 20. Jahrhunderts seine bedeutsamer werdende Funktion herausgeschält. Wir haben versucht, sie mit verschiedenen Argumentationsketten zu begründen. Eine beruht auf der Erkenntnis, daß Lesen ein konstruktiver Prozeß ist und keine nachfolgende, rekonstruierende Tätigkeit bezogen auf ein Vorbild, dem man so nahe wie möglich zu kommen habe. Das betrifft sowohl die psychophysiologische als auch die hermeneutische Ebene des Lesens. Prozeßhaftigkeit schließt statische Referenzpunkte aus. Sie entläßt gleichzeitig eine Klasse von rezeptionsprägenden Spezialisten aus ihrer Verantwortung: Der Interpret als Filter zwischen Text und Leser ist obsolet. Seine normierten Sicherheiten - Kanones, Gattungspoetiken, Textgrenzen - sind gleichfalls erodiert. Diese Auflösungsbewegungen koinzidieren mit neueren Tendenzen der Theoriebildung: Sowohl in der Semiotik als auch in der Kognitionswissenschaft verabschiedet man sich vom Modell der *Dekodierung*. Konsequenz und Ausdruck dieser Entwicklungen ist: Lesen und Verstehen wird zur Praxis der Kontingenz. Entscheidungen muß jeder Leser selbst treffen. Sie ziehen sich über den gesamten Verlauf der Lektüre, beginnend bei der Wahl der Perspektive. Das betrifft vor allem den wissenschaftlichen Leser, der u.a. zwischen dekonstruktivistischer, hermeneutischer, feministischer, empirischer, radikal konstruktivistischer Lektüre zu entscheiden hat (Vgl. Bogdal 1993 und 1997). Bemerkenswert ist, daß selbst die Summe aller Lektüren nicht zur letztgültigen (Er-)Klärung eines Textes führt, da sich widerstreitende Lesarten nicht aufheben und synthetisieren lassen. Die Konkurrenz literaturwissenschaftlicher Theorien ist ein weiteres Indiz dafür, wie sich die Fragestellung bezüglich eines Textes verschoben hat. Slavoj Zizek hat einmal darauf hingewiesen, daß das Interessante nicht die Antworten seien, die uns gegeben werden, sondern daß es darauf ankomme, die Frage zu finden, die den uns zugänglichen Antworten vorausgingen. Diese Strategie hat sich deutlich in die literarischen Texte eingeschrieben.[83] Können wir das Herausfinden der Antworten, die ein Autor uns gibt, noch als autorenzentriertes Lesen bezeichnen, so wird in der Suche nach den Fragen, auf die die vorliegenden Texte geantwortet haben mögen, die Instanz des Interpreten und besonders die des Lesers gestärkt. Fragestellungen aus der Sicht einzelner Schulen gehen noch einen Schritt weiter. Hier verschwindet der Text vor dem Anspruch des Lesers, den Text nach bestimmten Normen zurichten zu wollen. Der Leser wird zum Herrn des Textes.

Auch ohne jener Extremposition zu verfallen, wird jeder Leser während seiner Tätigkeit permanent zu Entscheidungen gezwungen. Diesen Entscheidungen fehlt Dauerhaftigkeit und Letztbegründbarkeit. Der Prozeß des Lesens hat auf jeder Ebene pragmatischen Charakter. Gott ist und bleibt tot - als Gott, als Tranzendenz garantierende Instanz. Als Navigationshilfe durchs Leben braucht er jedoch nicht abgeschrieben werden; seine Tauglichkeit ist der des Zufalls, der Illuminaten oder des Tristero durchaus ebenbürtig.

Gleichfalls haben wir nachgewiesen, daß die herausragende, aber unsichere Rolle des Lesers mit der exemplarischen Funktion literarischer Figuren korrespondiert. Sie sind zur Etablierung des Textflusses unabdingbar; sie treiben ihn durch Eigenbewegung voran. Die Eigenbewegung ist jedoch gleichsam ein Reflex, eine Reaktion auf das Netzwerk von Bezügen, in das die Figuren eingesponnen sind. Sowohl den einzelnen Figuren als auch dem Netz ihrer Interaktionen ist Statik fremd. Sie sind relational aufeinander bezogen, bedingen und modifizieren sich gegenseitig. Man kann solch eine „fiktionale" Welt nicht als Nachahmung einer Realität verstehen. Literarische Werke sind „Skizzen ohne Original". Diesen Charakterzug teilen sie mit fiktionalen wie realen Biographien sowie mit der realen Welt. Dennoch werden immer wieder Versuche einer Letztbegründung unternommen; „Blaupausen" des Lebens, zentrale Kommandostellen werden gesucht. Diesen Expeditionen - Tristero und „Zufall" - ist ihr Scheitern jedoch immanent. So lautet jedenfalls eine Konsequenz, die sich

---

[83] Z.B. in Douglas Adams *Per Anhalter durch die Galaxis*: Erst wurde ein Computer gebaut, der die Frage nach dem Sinn des Lebens beantworten sollte. Seine Antwort lautete *42*. Daraufhin wurde ein größerer Rechner - die Erde - entwickelt, die die letzte Frage, deren Antwort *42* war, zu rekonstruieren.

aus Kunderas und Pynchons Text ziehen läßt. Eine befriedigende Begründung kann nicht zustande kommen; die Suche weist paranoide Züge auf. Auch Werke wie *Lust*, die auf den ersten Blick vollkommen hermetisch scheinen, vermögen ihre Abgeschlossenheit nicht durchzuhalten. Der Gewalt vermeintlich omnipotenter Mechanismen ist zu entkommen - wenn auch nur auf Kosten des Gefangenseins in einem anderen, gleichfalls nicht endgültigen, System von Beziehungen. In diesem Spiel der Möglichkeiten - und Zwänge - sind alle Akteure gefangen. Es zeigte sich auch, daß dieses Spiel trotz all seiner Kontingenz kein beliebiges Spiel ist. Es folgt einer inneren Logik. Entwicklungen müssen - obwohl phantastisch - glaubhaft sein. Glaubhaftigkeit können sie durch Analogie mit dem Weltwissen des Lesers gewinnen. Vielmehr jedoch durch textimmanente Strategien: wie der Wortvermehrung und Wortwurzelverschiebung bei Elfriede Jelinek, den fraktalen Verfahren bei Thomas Pynchon und der differenzierten Poetik des Zufalls bei Milan Kundera.

Literarische Qualität äußert sich darin, trotz aller schillernder Disparatheit soviel Kohärenz aufzuweisen, daß die Werke als Solitäre aus dem Meer des „Anything goes" herausragen.

Letztlich hat sich in vielen verschiedenen Formen eines herauskristallisiert: Wir müssen vom Ende der Subjektivität und des Dogmas „Jeder ist seines Glückes Schmied" sprechen. Der Traum von der Beherrschbarkeit, Lenkbarkeit und Bestimmbarkeit des eigenen Lebens, vom Traum in seinen Grenzen omnipotenten Subjekt der Literatur der frühen Moderne ist ausgeträumt. Diese Erfahrungen machen die Figuren in den drei beschriebenen Romanen auf ihre, höchst unterschiedliche Weise. Oedipa wird vom Tristero aufgesogen, Tomas und Teresa von Koinzidenzen gelenkt, Gerti gibt das Bewußtsein ihrer selbst an ökonomische und sexuelle Machtkonstellationen ab. Sie steht vor dem Sprung in ein neues Abhängigkeitsverhältnis. Das Ende der Subjektivität hergebrachten Typus zieht mehrere Konsequenzen nach sich: Der Mensch ist zwar nicht mehr „Herr und Beherrscher der Natur", wie es simplifizierend auf Descartes zurückgeführt wird. Er ist jedoch auch nicht nur hilfloses Objekt verschiedenster Kräfte, die von ihm Besitz ergreifen. Er vermag diese Kräfte zu erkennen, sich ihrer partiell zu bedienen; er wird zum Wellenreiter und Amplitudenmodifikator wie Tomas, der Reisende in Sachen Zufall oder Oedipa, die Detektivin im eigenen Lebensroman.

Das Ende der Subjektivität bedeutet keineswegs das Ende der Verantwortlichkeit für das eigene Tun; daran wird man immer gemessen werden. Aber die Konsequenzen waren nicht vorhersehbar, nicht „geschmiedet". Andererseits kann man nicht jegliche Verantwortung an die o.g. diversen Instanzen abgeben. Denn diese, die die Rolle des „Schmiedes" übernehmen könnten, vermögen diese Last nicht vollständig zu halten. Ihnen fehlt Transzendenz. Deutlich sehen wir das am Zufall, der Kunderas Figuren überschattet. Hinter ihm mag noch etwas anderes, eine Absicht z.B. zu stecken. Er kann pervertiert werden - gesellschaftsunabhängig. Die Leichtigkeit kann ihm entzogen werden. Oedipas Aufgabe ihrer selbst und Übergabe ans gedämpfte Posthorn stürzt sie in Verwirrung. Das Posthorn kann sie in ihrem Sein nicht halten. Und Gerti? Sie hat sich an Macht und Sexualität aufgegeben, hat sich es wohlig eingerichtet hinter den „Vorhängeschleiern" der Sicherheit - und wird von ihnen in extremer Weise heimgesucht. Gertis Suche nach einer anderen Instanz ist nur angedeutet; aller Wahrscheinlichkeit endet sie in vergleichbaren Dilemmata.

Trotz des Verlustes der Beherrschbarkeit des eigenen Lebens, des selbstbewußten Planens, bleibt noch die unendliche wilde Semiose, die Tatsache, daß Weltwissen nur aus dem eigenen vorher vorhanden kognitiven Potential geschöpft werden kann und insofern omnipotent ist, alleiniger Maßstab. Das schwache, ohnmächtig-omnipotente Subjekt ist höchst extrem allein auf sich geworfen, der autopoietische Prozeß läuft unablässig-. Aber ohne Macht, ohne Bewußtsein, ohne die Möglichkeit rückwirkender Korrektur.

Zum jetzigen Zeitpunkt würde diese Arbeit anders, klarer konturiert sein; auf den Verlust der Beherrschbarkeit des eigenen Tuns ausgerichtet. Umwege und Abzweigungen wären vermieden. Aber das Ergebnis war nicht von Beginn an absehbar; sollte es nicht sein. Diese Arbeit war selbst als Entdeckungsreise angelegt und nicht als Bestätigung von Gewißheiten.

11. Literaturliste

Karl-Otto Apel
1971 Die Erklären:Verstehen:Kontroverse in transzendentalpragmatischer Sicht, Frankfurt/Main.

Aleida Assmann (Hrsg.)
1996 Texte und Lektüren. Perspektiven in der Literaturwissenschaft, Frankfurt/Main.

Friedrich Ast
1808 Grundlinien der Grammatik, Hermeneutik und Kritik, Landshut.

J.L.Austin
1962 How to do Things with Words, Ed. by J.O. Urmson, Cambridge, Mass.

Emmon Bach/Robert Harms (Hrsg.)
1968 Universals in Linguistic Theory, New York.

Michail Bachtin
1987 Rabelais und seine Welt. Volkskultur und Gegenkultur, Frankfurt/Main.

Michèle Barrett
1980 Women's Oppression today. Problems in Marxist feminist analysis, London.

Daniela Bartens/Paul Pechmann (Hrsg.)
1997 Dossier Extra. Elfriede Jelinek, Graz.

John Barth
1960 The Sot-Weed Factor, New York.

Roland Barthes
1974 Die Lust am Text, Frankfurt/Main.
1970 To write: An Intransitive Verb?, in: Macksay (1970), S. 134-145.

Kurt Bartsch/Günther A. Höfler
1991   Dossier 2. Elfriede Jelinek, Graz/Wien.

Walter Benjamin
1991   Das Passagen-Werk, Gesammelte Schriften V, Frankfurt/Main.

Klaus-Michael Bogdal (Hrsg.)
1997   Neue Literaturtheorien. Eine Einführung, Opladen.
1993   Neue Literaturtheorien in der Praxis. Textanalysen von Kafkas „Vor dem Gesetz", Opladen.

Norbert Bolz
1993   Am Ende der Gutenberg-Galaxis, Die neuen Kommunikationsverhältnisse, München.

Silvia Bovenschen, Winfried Rex, Stephan Fuchs, Walter Raitz (Hrsg.)
1997   Der fremdgewordenen Text, Festschrift für Helmut Brackert zum 65. Geburtstag, Berlin/New York.

Maria E. Brunner
1997   Die Mythenzertrümmerung der Elfriede Jelinek, Neuried.

Thomas Brussig
1995   Helden wie wir, Berlin.

David Carroll
1982   The subject in Question: The languages of Theory and the Strategies of Fiction, Chicago.

Jonathan Crary
1996   Techniken des Betrachters, Dresden.

W. Dehn (Hrsg.)
1974   Ästhetische Erfahrung und Literarisches Lernen, Frankfurt/Main.

Jacques Derrida
1989   Wie nicht sprechen, Verneinungen, (hrsg. von Peter Engelmann, übers. von Hans-Dieter Gondek), Wien.
1988   Randgänge der Philosophie, (hrsg. von Peter Engelmann, übers. von Günther R. Sigl), Wien.

1988a Mémoires. For Paul de Man; Comme le bruit de la mer au fond d'un coquillage. La guerre de Paul de Man. Mémoires II, Paris (MEM).

1988b Mémoires. Für Paul de Man, (hrsg. von Peter Engelmann, übers. von Hans-Dieter Grondek), Wien.

1988c Wie Meeresrauschen auf dem Grund einer Muschel. Paul de Mans Krieg Memoires II, (hrsg. von Peter Engelmann, übers. von Elisabeth Weber), Wien.

1987 Ulysse grammophone, Paris.

1986 Point de folie - maintenant l'architecture, in: Tschumi (1986).

1986a Schibboleth, Paris.

1986b Positionen, Wien.

1984a Guter Wille zur Macht (I), Drei Fragen an Hans-Georg Gadamer, in: Forget (1984), S. 56-58.

1984b Guter Wille zur Macht (II), Die Unterschriften interpretieren (Nietzsche/Heidegger), in: Forget (1984), S. S. 62-77.

1978 La vérité en peinture, Paris.

1974 Grammatologie, (übers. von Ha.ns-Jörg Rheinberger und Hanns Zischler) Frankfurt/Main.

1972 Marges de la philosophie, Paris

1972a Die Schrift und die Differenz, (übers. von Rodolphe Gasché), Frankfurt/Main.

1967 L'Écriture et la Différence, Paris.

1967a De la grammatologie, Paris.

Katinka Dijkstra
1994 Leseentscheidung und Lektürewahl, Berlin.

Wilhelm Dilthey
1961 Die Entstehung der Hermeneutik (1900) in Gesammelte Schriften, Band 5, Stuttgart.

Johann Gustav Droysen
1857   Historik. Vorlesungen über Enzyklopädie und Methodologie der Geschichte (1971), München.

Umberto Eco
1994   Zwischen Autor und Text. Interpretation und Überinterpretation. Mit Einwürfen von Rorty u.a., München.
1989   Wie man eine wissenschaftliche Abschlußarbeit schreibt, Heidelberg.
1973   Das offene Kunstwerk, übersetzt von Günter Memmert, Frankfurt/Main.

Helmut Eggert
1995   Literarische Sozialisation, Stuttgart.

Raymond Federman
1992   Surfiction: Der Weg der Literatur. Hamburger Poetik-Lektionen, Frankfurt/Main.

Charles Fillmore
1968   The Case for Case, in: Bach (1968).

Michel Foucault
1976   Mikrophysik der Macht. Über Strafjustiz, Psychatrie und Medizin, Berlin.
1966   Les mots et les choses: une archéologie des sciences humaines, Paris.

Stanley Fish
1980   Is There a Text in This Class, Cambridge, Mass.

Heike Fischer
1997   Materialistische Theoreme in ausgewählten Werken Elfriede Jelineks, Aachen.

Philippe Forget
1984   (Hrsg.)Text und Interpretation, München.
1984a   Leitfäden einer unwahrscheinlichen Debatte; in: Ders. (1984), S. 7-23.

Manfred Frank
1984 Was ist Neostrukturalismus, Frankfurt/Main
1984a Vom unausdeutbaren zum undeutbaren Text. Zwei Vorlesungen zum Verhältnis von Hermeneutik und Poetik bei Derrida, in: Frank (1984), S. 573-607
1984b Die Grenzen der Beherrschbarkeit der Sprache. das Gespräch als Ort der Differenz zwischen Neostrukturalismus und Hermeneutik in Forget (1984), S. 181-214.
1977 Das individuelle Allgemeine. Textstrukturierung und –interpretation nach Schleiermacher, Frankfurt/Main.

Gudrun Frieling
1996 Untersuchungen zur Theorie der Metapher, Osnabrück.

Hans Georg Gadamer
1984 Text und Interpretation, in: Forget (1984), S. 24-55.
1984a Und dennoch: Macht des guten Willens, in: Forget (1984), S. 59-61.
1975 Wahrheit und Methode, Tübingen (WM).
1975a Wirkungsgeschichte und Applikation, in: Warning (1975), S. 113-125.

Gunter Gebauer/Christoph Wulf
1992 Mimesis. Kultur - Kunst - Gesellschaft, Hamburg.

Gérard Genette
1993 Palimpseste, Die Literatur auf zweiter Stufe, (übersetzt von Wolfram Bayer und Dieter Hornigk), Frankfurt/Main.
1982 Palimpsestes. La littérature au second degré, Paris.

Ortwin de Graef
1993 Serenity in Crisis. A Preface to Paul de Man, 1939-1960, Lincoln/London.
1988 Editorial, Les Cahiers du Libre Examen. 4:5, Februar 1940, in: Hamacher (1988).

Michael Grant/John Hazel
1990 Lexikon der antiken Mythen und Gestalten, München.

Günter Grass
1995   Ein weites Feld, Göttingen.

Jean Greisch
1993   Hermeneutik und Metaphysik. Eine Problemgeschichte, München.
1984   Der Streit der Universalitäten, in: Forget (1984), S. 115-129.

Gunter Grimm (Hrsg.)
1975   Literatur und Leser. Theorien und Modelle zur Rezeption literarischer Werke, Stuttgart.

Norbert Groeben
1980   Rezeptionsforschung als empirische Literaturwissenschaft, Tübingen.

Sabine Gross
1994   Lese-Zeichen. Kognition, Medium und Materialität im Leseprozeß, Darmstadt.

Hans Ulrich Gumbrecht
1993a   Schrift als epistemologischer Grenzverlauf, in: Ders. (1993), S. 379-390.

Hans Ulrich Gumbrecht/K. Ludwig Pfeiffer (Hrsg.)
1993   Schrift, München.

Werner Hamacher (Hrsg.)
1988   Paul de Man. Wartime journalism 1939-1943, Lincoln.

Hans Hauge
1993   De la Grammatologie und die literarische Wende, in: Gumbrecht (1993), S. 319-336.

Heinz Ickstadt
1981   (Hrsg.) Ordnung und Entropie. Zum Romanwerk von Thomas Pynchon, Hamburg.
1981a   Thomas Pynchon: Die Versteigerung von Nr. 49, in: Ickstadt (1981), S. 104-127.

Hans Ineichen
1991   Philosophische Hermeneutik, Freiburg i. Br./München.

Roman Ingarden
1975   Konkretisation und Rekonstruktion, in: Warning (1975), S. 42-70.
1965   Das Literarische Kunstwerk, Tübingen.
1968   Vom Erkennen des Literarischen Kunstwerks, Tübingen.

Andreas Isenschmid
1989   Trivialroman in experimenteller Tarnung, in: *Neue Zürcher Zeitung*, 4./5. Juni.

Wolfgang Iser
1976   Der Akt des Lesens, München.
1975a   Die Appellstruktur der Texte, in: Warning (1975), S. 228-252 (AS).
1975b   Der Lesevorgang, in: Warning (1975), S. 253-276 (LV).
1975c   Die Wirklichkeit der Fiktion - Elemente eines funktionsgeschichtlichen Textmodells, in: Warning (1975), S. 277-324.
1975d   Im Lichte der Kritik, in: Warning (1975), S. 325-342.
1975e   Die Leserrolle in Fieldings Joseph Andrews und Tom Jones, in: Warning (1975), S. 435-466.

Hans Robert Jauß
1975   Literaturgeschichte als Provokation der Literaturwissenschaft, in: Warning (1975), S. 126-162.

Elfriede Jelinek
1989   Lust, Hamburg.

Elfriede Jelinek/Adolf-Ernst Meyer/Jutta Heinrich
1995   Sturm und Zwang. Schreiben als Geschlechterkampf, Hamburg.

Jack Kerouac
1958   On the Road, New York.

George P. Khushf
1993   Die Rolle des Buchstabens in der Geschichte des Abendlandes und im Christentum in Gumbrecht (1993), S. 21-34.

Heinz Kimmerle
1997 Jacques Derrida. Zur Einführung, Hamburg.

Heinrich von Kleist
1984 Ampitryon, Stuttgart.

Herlinde Koelbl
1998 Im Schreiben zu Haus. Wie Schriftsteller zu Werke gehen, Berlin.

Jürgen Kolbe (Hrsg.)
1969 Ansichten einer künftigen Germanistik, München.

Doris Kolesch
1996 Aufbauende Zerstörung. Zur Paradoxie des Geschichts-Sinns bei Franz Kafka und Thomas Pynchon, Frankfurt/Main.

Julia Kristeva
1984 Derrida lesen, Frankfurt/Main.

Dietrich Krusche
1995 Leseerfahrung und Lesergespräch, München.

Milan Kundera
1997 Die unerträgliche Leichtigkeit des Seins, Frankfurt/Main.
1989 Die Kunst des Romans, Frankfurt/Main.

Eberhard Lämmert (Hrsg.)
1984 Romantheorie. Dokumentation ihrer Geschichte in Deutschland seit 1880, Königstein/Ts.

François Laruelle
1984 Anti-Hermes, in: Forget (1984), S. 78-114.

Brigitte Lehmann
1985 Oh Kälte, oh Schutz vor ihr. Ein Gespräch mit Elfriede Jelinek, Wien.

Hannelore Link
1976 Rezeptionsforschung. Eine Einführung in in Methoden und Probleme, Stuttgart.

Juri Lotman
1972 Vorlesungen zu einer strukturalen Poetik. Einführung, Theorie des Verses, München.

Niklas Luhmann
1994   Liebe als Passion. Zur Codierung von Intimität, Frankfurt/Main.

Matthias Luserke
1993   Ästhetik des Öbszönen. Elfriede Jelineks *Lust* als Protokoll einer Mikroskopie des Patriarchats, in: Text und Kritik (1993).

Richard Macksey/Eugenio Donato
1970   The Languages of Criticism and the Sciences of Man. The structuralist Controversy, Baltimore/London.

Humberto R. Maturana/Francisco J. Varela
1987   Der Baum der Erkenntnis, München.

Henry Miller
1934   Tropic of Cancer, Paris.

James Monaco
1995   Film verstehen, Hamburg.
1995a   Die Physiologie der Wahrnehmung, in: Ders. (1995), S. 156-162.

Robert Musil
1978   Gesammelte Werke, (hrsg. von Adolf Frisé), Hamburg.
1955   Tagebücher, Aphorismen, Essays, Reden, Hamburg.
1931   Aufzeichnungen zur Krisis des Romans, in: Ders. (1955).

Vladimir Nabokov
1991   Die Kunst des Lesens. Meisterwerke der europäischen Literatur, Frankfurt/Main.
1991a   Gut lesen und gut schreiben, in: Ders. (1991), S. 25-32

Manfred Naumann (Hrsg.)
1973   Gesellschaft, Literatur, Lesen. Literaturezeption in theoretischer Sicht, Berlin/Weimar.

Carsten Niemitz
1995   Evolution und Sprache, in: Trabant (1995).

Anais Nin
1986   Henry and June. From the unexpurgated Diaries of Anaï s Nin, San Diego.

Wolfhart Pannenberg
1981   Hermeneutik und Universalgeschichte, in: *Zeitschrift für Theologie und Kirche 60*, S. 90-121.

Parmenides
1986   Vom Wesen des Seienden. Die Fragmente, griechisch und deutsch (hrsg. von Uvo Hölscher), Frankfurt/Main.

Klaus-Peter Philippi
1989   Sprach-Lust, Körper-Ekel, in: *Rheinischer Merkur*, 12. Mai 1989.

Georg Pichler
1997   Die Rezeption Elfriede Jelineks in Spanien, in: Bartens (1997), S. 75-99.

Robert M. Pirsig
1974   Zen and the Art of Motorcycle Maintenance, New York.

Georges Poulet
1969   Phenomenology of Reading in New Literary History I/S. 56-59.

Thomas Pynchon
1990   Vineland, Boston.
1973   Gravity's Rainbow, New York.
1968   V, New York.
1967   The Crying of Lot 49, London (LOT).

Robert von Ranke-Graves
1990   Griechische Mythologie. Quellen und Deutung, Hamburg.

John Richards/Ernst von Glasersfeld
1987   Die Kontrolle von Wahrnehmung und die Konstruktion von Realität, in: Schmidt (1987).

Gabriele Riedle
1993   Mehr, mehr, mehr! Zu Elfriede Jelineks Verfahren der dekorativen Wortvermehrung, in: Text und Kritik (1993), S. 95-103.

Nathalie Reinberger
1997   Die Rezeption Elfriede Jelineks in Frankreich, in: Bartens (1997), S. 100-119.

Luigi Reitani
1997   Im Anfang war die Lust. Zur Rezeption Elfriede Jelineks in Italien, in: Bartens (1997), S. 52-74.

Rainer Maria Rilke
1960   Die Aufzeichnungen des Malte Laurids Brigge, in: Werke Bd. III/1, Prosa, Frankfurt/Main.

Alain Robbe-Grillet
1965   Argumente für einen neuen Roman, München.

Richard Rorty
1994   Der Fortschritt des Pragmatisten, in: Eco (1994), S. 99-119.

Erwin Theodor Rosenthal
1970   Das fragmentarische Universum, Wege und Umwege des modernen Romans, München.

Gerhard Roth
1992   Das konstruktive Gehirn. Neurobiologische Grundlagen von Wahrnehmung und Erkenntnis, in: Schmidt (1992), S. 321f.

1987   Autopoiesis und Kognition, in: Schmidt (1987), S. 256-286.

1987a   Erkenntnis und Realität, in: Schmidt (1987), S. 229-255.

Jean Paul Sartre
1971   Das Imaginäre. Phänomenologische Psychologie der Einbildungskraft, (übers. von H. Schönberg), Hamburg.

Friedrich Schleiermacher
1959   Hermeneutik, (nach den Handschriften neu herausgegeben und eingeleitet von Heinz Kimmerle), Heidelberg (HM).

Siegfried J. Schmidt (Hrsg.)
1987 Der Diskurs des Radikalen Konstruktivismus, Frankfurt/Main.
1992 Kognition und Gesellschaft. Der Diskurs des Radikalen Konstruktivismus 2, Frankfurt/Main.

Wolfgang Ludwig Schneider
1991 Objektives Verstehen, Rekonstruktion eines Paradigmas: Gadamer, Popper, Toulmin, Luhmann, Opladen.

Michel Serres
1969-80 Hermes I-V, Paris.

Richard Shusterman
1998 Soma und Medien, in: Vattimo (1998).

Herbert Singer
1969 Literatur. Wissenschaft. Bildung, in: Kolbe (1969), S. 45-59.

Yvonne Spielmann
1991 Ein unerhörtes Sprachlabor, in: Bartsch (1991).

Theo Sundermeier
1996 Den Fremden verstehen. Eine praktische Hermeneutik, Göttingen.

Text und Kritik (Red. Frauke Meyer-Gosau)
1993 (Nr. 117), Elfriede Jelinek, München.

Donald Michael Thomas
1981 The White Hotel, London.

Michel Tournier
1967 Vendredi ou Les Limbes du Pacifique, Paris.

Jürgen Trabant (Hrsg.)
1995 Sprache denken. Positionen aktueller Sprachphilosophie, Frankfurt/Main.

B. Tschumi
1986 La case vide, London.

Gianni Vattimo/Wolfgang Welsch (Hrsg.)
1998 Medienwelten Wirklichkeiten, München.

Boris Vian
1992   Der Deserteur, Berlin.

Veronika Vis
1998   Darstellung und Manifestation von Weiblichkeit in der Prosa Elfriede Jelineks, Frankfurt/Main.

Klaus Völker
1992   En avant Boris Vian, Vorwort zu: Boris Vian, Der Deserteur, Berlin.

Rainer Warning (Hrsg.)
1975   Rezeptionsästhetik. Theorie und Praxis, München.
1975a   Rezeptionsästhetik als literaturwissenschaftliche Pragmatik, in: Ders. (1975), S. 9-41.

Jakob Wassermann
1926   Kolportage und Entfabelung, in: Lämmert (1984), S. 140-143.

Hayden White
1993   Schreiben im Medium, in: Gumbrecht (1993), S 311-318.

Friedrich August Wolf
1807   Darstellung der Altertumswissenschaft nach Begriff, Umfang, Zweck und Wert, Berlin.

www.ingramcontent.com/pod-product-compliance
Lightning Source LLC
Chambersburg PA
CBHW020125010526
44115CB00008B/976